JN435502

# 史記英選

학자원

# 史記英選

정조(조선, 22대)가 사마천의 『사기』와 반고班固의 『한서』의 내용 가운데 후세에 교훈이 될 만한 부분을 뽑아 1796년(정조 20)에 간행한 역사서이다. 6권 3책이나 8권 5책의 활자본 또는 목판본으로서, 여러 판본이 전한다. 정조가 추진한 문화정책의 일환으로, 1796년(정조 20) 조선 초기에 있었던 주자소를 복설하여 〈어정사기영선 御定史記英選〉이라는 이름으로 정유자丁酉字로 간행하였으며, 태백산·오대산·적상산의 사고史庫에도 비치되었고, 영남·호남·관서의 감영에 명을 내려 번각하여 바치게 하였다. 내용은 권1~6은 『사기』에서 뽑은 26편을 싣고 있는데 대부분이 열전이다. 권7·8에 있는 9편은 「흉노전 匈奴傳」을 제외하고는 『한서』에서 뽑은 것인데 모두 열전이다. 고전의 내용을 아무런 수정이나 해석을 가하지 않고 그대로 옮긴 것이므로 사료적 가치는 크지 않으나 정조가 특별한 관심을 가지고 추진한 문화정책의 내용을 파악하는 데 도움이 된다. 규장각 · 장서각 · 국립중앙도서관 등에 있다.

**史記英選**

2022년 2월 15일 초판 발행

편　자 : 正祖
발행인 : 김병환
발행처 : 학자원
주소 : 서울 강동구 천호대로 1121
전화 : 02 6403-1000
팩스 : 02 6338-1001
E-mail : hakjaone@daum.net
등　록 : 2011년 3월 24일 제2011-14호

ISBN 979-11-6247-262-0 93910

값 70 000원

目次

# 史記英選目錄

# 史記英選卷之一

## 項羽本紀

項籍者下相人也字羽初起時年二十四其季父項梁梁父即楚將項燕為秦將王翦所戮者也項氏世世為楚將封於項故姓項氏項籍少時學書不成去學劍又不成項梁怒之籍曰書足以記名姓而已劍一人敵不足學學萬人敵於是項梁乃教籍兵法籍大喜略知其意又不肯竟學項梁嘗有櫟陽逮乃請蘄獄掾曹咎書抵櫟陽獄掾司馬欣以故事得已項梁殺人與

籍避仇於吳中吳中賢士大夫皆出項梁下每吳中有大繇役及喪項梁常爲主辦陰以兵法部勒賓客及子弟以是知其能秦始皇帝游會稽渡浙江梁與籍俱觀籍曰彼可取而代也梁掩其口曰毋妄言族矣梁以此奇籍籍長八尺餘力能扛鼎才氣過人雖吳中子弟皆已憚籍矣秦二世元年七月陳涉等起大澤中其九月會稽守通謂梁曰江西皆反此亦天亡秦之時也吾聞先即制人後則爲人所制吾欲發兵使公及桓楚將是時桓楚亡在澤中梁曰桓楚亡

人莫知其處獨籍知之耳梁乃出誡籍持劍居外待梁復入與守坐曰請召籍使受命召桓楚守曰諾梁召籍入須臾梁眴籍曰可行矣於是籍遂拔劍斬守頭項梁持守頭佩其印綬門下大驚擾亂籍所擊殺數十百人一府中皆慴伏莫敢起梁乃召故所知豪吏諭以所為起大事遂舉吳中兵使人收下縣得精兵八千人梁部署吳中豪傑為校尉候司馬有一人不得用自言於梁梁曰前時某喪使公主某事不能辦以此不任用公眾乃皆伏於是梁為會稽守籍為

裨將徇下縣廣陵人召平於是爲陳王徇廣陵未能下聞陳王敗走秦兵又且至乃渡江矯陳王命拜梁爲楚王上柱國曰江東已定急引兵西擊秦項梁乃以八千人渡江而西聞陳嬰已下東陽使使欲與連和俱西陳嬰者故東陽令史居縣中素信謹稱爲長者東陽少年殺其令相聚數千人欲置長無適用乃請陳嬰嬰謝不能遂彊立嬰爲長縣中從者得二萬人少年欲立嬰便爲王異軍蒼頭特起陳嬰母謂嬰曰自我爲汝家婦未嘗聞汝先古之有貴者今暴得

大名不祥不如有所屬事成猶得封侯事敗易以亡非世所指名也嬰乃不敢為王謂其軍吏曰項氏世世將家有名於楚今欲舉大事將非其人不可我倚名族亡秦必矣於是衆從其言以兵屬項梁項梁渡淮黥布蒲將軍亦以兵屬焉凡六七萬人軍下邳當是時秦嘉已立景駒為楚王軍彭城東欲距項梁項梁謂軍吏曰陳王先首事戰不利未聞所在今秦嘉倍陳王而立景駒逆無道乃進兵擊秦嘉秦嘉軍敗走追之至胡陵嘉還戰一日嘉死軍降景駒走死梁

地項梁已并秦嘉軍軍胡陵將引軍而西章邯軍至栗項梁使別將朱鷄石餘樊君與戰餘樊君死朱鷄石軍敗亡走胡陵項梁乃引兵入薛誅鷄石項梁前使項羽別攻襄城襄城堅守不下已拔皆阬之還報項梁項梁聞陳王定死召諸別將會薛計事此時沛公亦起沛往焉居鄛人范增年七十素居家好奇計往說項梁曰陳勝敗固當夫秦滅六國楚最無罪自懷王入秦不反楚人憐之至今故楚南公曰楚雖三戶亡秦必楚也今陳勝首事不立楚後而自立其勢

台音怡 亢音剛

不長今君起江東楚蠭起之將皆爭附君者以君世世楚將爲能復立楚之後也於是項梁然其言乃求楚懷王孫心民間爲人牧羊立以爲楚懷王從民所望也陳嬰爲楚上柱國封五縣與懷王都盱台項梁自號爲武信君居數月引兵攻亢父與齊田榮司馬龍且軍救東阿大破秦軍於東阿田榮即引兵歸逐其王假假亡走楚假相田角亡走趙角弟田閒故齊將居趙不敢歸田榮立田儋子市爲齊王項梁已破東阿下軍遂追秦軍數使使趣齊兵欲與俱西田榮

曰楚殺田假趙殺田角田間乃發兵項梁曰田假爲與國之王窮來從我不忍殺之趙亦不殺田角田間以市於齊齊遂不肯發兵助楚項梁使沛公及項羽別攻成陽屠之西破秦軍濮陽東秦兵收入濮陽沛公項羽乃攻定陶定陶未下去西略地至雝丘大破秦軍斬李由還攻外黄外黄未下項梁起東阿西北至定陶再破秦軍項羽等又斬李由益輕秦有驕色宋義乃諫項梁曰戰勝而將驕卒惰者敗今卒少惰矣秦兵日益臣爲君畏之項梁弗聽乃使宋義使於

齊道遇齊使者高陵君顯曰公將見武信君乎
曰然曰臣論武信君軍必敗公徐行即免死疾
行則及禍秦果悉起兵益章邯擊楚軍大破之
定陶項梁死沛公項羽去外黃攻陳留陳留堅
守不能下沛公項羽相與謀曰今項梁軍破士
卒恐乃與呂臣軍俱引兵而東呂臣軍彭城東
項羽軍彭城西沛公軍碭章邯已破項梁軍則
以為楚地兵不足憂乃渡河擊趙大破之當此
時趙歇為王陳餘為將張耳為相皆走入鉅鹿
城章邯令王離涉閒圍鉅鹿章邯軍其南築甬

道而輸之粟陳餘為將將卒數萬人而軍鉅鹿之北此所謂河北之軍也楚兵已破於定陶懷王恐從盱台之彭城幷項羽呂臣軍自將之以呂臣為司徒以其父呂青為令尹以沛公為碭郡長封為武安侯將碭郡兵初宋義所遇齊使者高陵君顯在楚軍見楚王曰宋義論武信君之軍必敗居數日軍果敗兵未戰而先見敗徵此可謂知兵矣王召宋義與計事而大說之因置以為上將軍項羽為魯公為次將范增為末將救趙諸別將皆屬宋義號為卿子冠軍行至

安陽留四十六日不進項羽曰吾聞秦軍圍趙王鉅鹿疾引兵渡河楚擊其外趙應其內破秦軍必矣宋義曰不然夫搏牛之蝱不可以破蟣蝨今秦攻趙戰勝則兵罷我承其敝不勝則我引兵鼓行而西必舉秦矣故不如先鬪秦趙夫被堅執銳義不如公坐而運策公不如義因下令軍中曰猛如虎狠如羊貪如狼彊不可使者皆斬之乃遣其子宋襄相齊身送之至無鹽飲酒高會天寒大雨士卒凍飢項羽曰將戮力而攻秦久留不行今歲饑民貧士卒食芋菽軍無

見糧乃飲酒高會不引兵渡河因趙食與趙并
力攻秦乃曰承其敝夫以秦之彊攻新造之趙
其勢必舉趙趙舉而秦彊何敝之承且國兵新
破王坐不安席掃境內而專屬於將軍國家安
危在此一舉今不恤士卒而徇其私非社稷之
臣項羽晨朝上將軍宋義即其帳中斬宋義頭
出令軍中曰宋義與齊謀反楚楚王陰令羽誅
之當是時諸將皆慴服莫敢枝梧皆曰首立楚
者將軍家也今將軍誅亂乃相與共立羽為假
上將軍使人追宋義子及之齊殺之使桓楚報

命於懷王懷王因使項羽為上將軍當陽君蒲
將軍皆屬項羽項羽已殺卿子冠軍威震楚國
名聞諸侯乃遣當陽君蒲將軍將卒二萬渡河
救鉅鹿戰少利陳餘復請兵項羽乃悉引兵渡
河皆沉船破釜甑燒廬舍持三日糧以示士卒
必死無一還心於是至則圍王離與秦軍遇九
戰絕其甬道大破之殺蘇角虜王離涉間不降
楚自燒殺當是時楚兵冠諸侯諸侯軍救鉅鹿
下者十餘壁莫敢縱兵及楚擊秦諸將皆從壁
上觀楚戰士無不一以當十楚兵呼聲動天諸

侯軍無不人人惴恐於是已破秦軍項羽召見
諸侯將入轅門無不膝行而前莫敢仰視項羽
由是始為諸侯上將軍諸侯皆屬焉章邯軍棘
原項羽軍漳南相持未戰秦軍數却二世使人
讓章邯章邯恐使長史欣請事至咸陽留司馬
門三日趙高不見有不信之心長史欣恐還走
其軍不敢出故道趙高果使人追之不及欣至
軍報曰趙高用事於中下無可為者今戰能勝
高必疾妬吾功戰不能勝不免於死願將軍孰
計之陳餘亦遺章邯書曰白起為秦將南征鄢

郢北阬馬服攻城略地不可勝計而竟賜死蒙恬為秦將北逐戎人開榆中地數千里竟斬陽周何者功多秦不能盡封因以法誅之今將軍為秦將三歲矣所亡失以十萬數而諸侯並起滋益多彼趙高素諛日久今事急亦恐二世誅之故欲以法誅將軍以塞責使人更代將軍以脫其禍夫將軍居外久多內郤有功亦誅無功亦誅且天之亡秦無愚智皆知之今將軍內不能直諫外為亡國將孤特獨立而欲常存豈不哀哉將軍何不還兵與諸侯為從約共攻秦分

汙音于

王其地南面稱孤此孰與身伏鈇質妻子為僇
乎章邯狐疑陰使候始成使項羽欲約約未成
項羽使蒲將軍日夜引兵渡三户軍漳南與秦
戰再破之項羽悉引兵擊秦軍汙水上大破之
章邯使人見項羽欲約項羽召軍吏謀曰糧少
欲聽其約軍吏皆曰善項羽乃與期洹水南殷
虛上已盟章邯見項羽而流涕為言趙高項羽
乃立章邯為雍王置楚軍中使長史欣為上將
軍將秦軍為前行到新安諸侯吏卒異時故繇
使屯戍過秦中秦中吏卒遇之多無狀及秦軍

降諸侯諸侯吏卒乘勝多奴虜使之輕折辱秦吏卒秦吏卒多竊言曰章將軍等詐吾屬降諸侯今能入關破秦大善即不能諸侯虜吾屬而東秦必盡誅吾父母妻子諸將微聞其計以告項羽項羽乃召黥布蒲將軍計曰秦吏卒尚衆其心不服至關中不聽事必危不如擊殺之而獨與章邯長史欣都尉翳入秦於是楚軍夜擊阬秦卒二十餘萬人新安城南行略定秦地函谷關有兵守關不得入又聞沛公已破咸陽項羽大怒使當陽君等擊關項羽遂入至于戲西

沛公軍霸上未得與項羽相見沛公左司馬曹無傷使人言於項羽曰沛公欲王關中使子嬰為相珍寶盡有之項羽大怒曰旦日饗士卒為擊破沛公軍當是時項羽兵四十萬在新豐鴻門沛公兵十萬在霸上范增說項羽曰沛公居山東時貪於財貨好美姬今入關財物無所取婦女無所幸此其志不在小吾令人望其氣皆為龍虎成五采此天子氣也急擊勿失楚左尹項伯者項羽季父也素善留侯張良張良是時從沛公項伯乃夜馳之沛公軍私見張良具告

以事欲呼張良與俱去曰毋從俱死也張良曰臣為韓王送沛公沛公今事有急亡去不義不可不語良乃入具告沛公沛公大驚曰為之奈何張良曰誰為大王為此計者曰鯫生說我曰距關毋內諸侯秦地可盡王也故聽之良曰料大王士卒足以當項王乎沛公默然曰固不如也且為之奈何張良曰請往謂項伯言沛公不敢背項王也沛公曰君安與項伯有故張良曰秦時與臣游項伯殺人臣活之今事有急故幸來告良沛公曰孰與君少長良曰長於臣沛公

曰君為我呼入吾得兄事之張良出要項伯項伯即入見沛公沛公奉巵酒為壽約為婚姻曰吾入關秋毫不敢有所近籍吏民封府庫而待將軍所以遣將守關者備他盜之出入與非常也日夜望將軍至豈敢反乎願伯具言臣之不敢倍德也項伯許諾謂沛公曰旦日不可不蚤自來謝項王沛公曰諾於是項伯復夜去至軍中具以沛公言報項王因言曰沛公不先破關中公豈敢入乎今人有大功而擊之不義也不如因善遇之項王許諾沛公旦日從百餘騎來

見項王至鴻門謝曰臣與將軍勠力而攻秦將軍戰河北臣戰河南然不自意能先入關破秦得復見將軍於此今者有小人之言令將軍與臣有郤項王曰此沛公左司馬曹無傷言之不然籍何以至此項王即日因留沛公與飲項王項伯東嚮坐亞父南嚮坐亞父者范增也沛公北嚮坐張良西嚮侍范增數目項王擧所佩玉玦以示之者三項王默然不應范增起出召項莊謂曰君王爲人不忍若入前爲壽壽畢請以劒舞因擊沛公於坐殺之不者若屬皆且爲所

虜莊則入為壽壽畢曰君王與沛公飲軍中無以為樂請以劒舞項王曰諾項莊拔劒起舞項伯亦拔劒起舞常以身翼蔽沛公莊不得擊於是張良至軍門見樊噲樊噲曰今日之事何如良曰甚急今者項莊拔劒舞其意常在沛公也噲曰此迫矣臣請入與之同命噲即帶劒擁盾入軍門交戟之衛士欲止不內樊噲側其盾以撞衛士仆地噲遂入披帷西嚮立瞋目視項王頭髮上指目眦盡裂項王按劒而跽曰客何為者張良曰沛公之參乘樊噲者也項王曰壯士

賜之卮酒則與斗卮酒噲拜謝起立而飲之項
王曰賜之彘肩則與一生彘肩樊噲覆其盾於
地加彘肩上拔劒切而啗之項王曰壯士能復
飲乎樊噲曰臣死且不避卮酒安足辭夫秦王
有虎狼之心殺人如不能擧刑人如恐不勝天
下皆叛之懷王與諸將約曰先破秦入咸陽者
王之今沛公先破秦入咸陽豪毛不敢有所近
封閉宮室還軍霸上以待大王來故遣將守關
者備他盜出入與非常也勞苦而功高如此未
有封侯之賞而聽細說欲誅有功之人此亡秦

之續耳竊為大王不取也項王未有以應曰坐樊噲從良坐坐須臾沛公起如廁因招樊噲出沛公已出項王使都尉陳平召沛公沛公曰今者出未辭也為之柰何樊噲曰大行不顧細謹大禮不辭小讓如今人方為刀俎我為魚肉何辭為於是遂去乃令張良留謝良問曰大王來何操曰我持白璧一雙欲獻項王玉斗一雙欲與亞父會其怒不敢獻公為我獻之張良曰謹諾當是時項王軍在鴻門下沛公軍在霸上相去四十里沛公則置車騎脫身獨騎與樊噲夏

侯嬰靳彊紀信等四人持劒盾步走從酈山下道芷陽間行沛公謂張良曰從此道至吾軍不過二十里耳度我至軍中公乃入沛公已去間至軍中張良入謝曰沛公不勝桮杓不能辭謹使臣良奉白璧一雙再拜獻大王足下玉斗一雙再拜奉大將軍足下項王曰沛公安在良曰聞大王有意督過之脫身獨去已至軍矣項王則受璧置之坐上亞父受玉斗置之地拔劒撞而破之曰唉豎子不足與謀奪項王天下者必沛公也吾屬今為之虜矣沛公至軍立誅殺曹

無傷居數日項羽引兵西屠咸陽殺秦降王子嬰燒秦宮室火三月不滅收其貨寶婦女而東人或說項王曰關中阻山河四塞地肥饒可都以覇項王見秦宮室皆以燒殘破又心懷思欲東歸曰富貴不歸故鄉如衣繡夜行誰知之者說者曰人言楚人沐猴而冠耳果然項王聞之烹說者項王使人致命懷王懷王曰如約乃尊懷王為義帝項王欲自王先王諸將相謂曰天下初發難時假立諸侯後以伐秦然身被堅執銳首事暴露於野三年滅秦定天下者皆將相

諸君與籍之力也義帝雖無功故當分其地而
王之諸將皆曰善乃分天下立諸將為侯王項
王范增疑沛公之有天下業已講解又惡負約
恐諸侯叛之乃陰謀曰巴蜀道險秦之遷人皆
居蜀乃曰巴蜀亦關中地也故立沛公為漢王
王巴蜀漢中都南鄭而三分關中王秦降將以
距塞漢王項王乃立章邯為雍王王咸陽以西
都廢丘長史欣者故為櫟陽獄掾嘗有德於項
梁都尉董翳者本勸章邯降楚故立司馬欣為
塞王王咸陽以東至河都櫟陽立董翳為翟王

王上郡都高奴徙魏王豹爲西魏王王河東都平陽瑕丘申陽者張耳嬖臣也先下河南郡迎楚河上故立申陽爲河南王都雒陽韓王成因故都都陽翟趙將司馬卬定河內數有功故立卬爲殷王王河內都朝歌徙趙王歇爲代王趙相張耳素賢又從入關故立耳爲常山王王趙地都襄國當陽君黥布爲楚將常冠軍故立布爲九江王都六鄱君吳芮率百越佐諸侯又從入關故立芮爲衡山王都邾義帝柱國共敖將兵擊南郡功多因立敖爲臨江王都江陵徙燕

鋗音玄

王韓廣爲遼東王燕將臧荼從楚救趙因從入關故立荼爲燕王都薊徙齊王田市爲膠東王齊將田都從共救趙因從入關故立都爲齊王都臨菑故秦所滅齊王建孫田安項羽方渡河救趙田安下濟北數城引其兵降項羽故立安爲濟北王都博陽田榮者數負項梁又不肯將兵從楚擊秦以故不封成安君陳餘棄將印去不從入關然素聞其賢有功於趙聞其在南皮故因環封三縣番君將梅鋗功多故封十萬戶侯項王自立爲西楚霸王王九郡都彭城漢之

郴音琛

元年四月諸侯罷戲下各就國項王出之國使人徙義帝曰古之帝者地方千里必居上游乃使使徙義帝長沙郴縣趣義帝行其羣臣稍稍背叛之乃陰令衡山臨江王擊殺之江中韓王成無軍功項王不使之國與俱至彭城廢以為侯已又殺之臧荼之國因逐韓廣之遼東廣弗聽荼擊殺廣無終并王其地田榮聞項羽徙齊王市膠東而立齊將田都為齊王乃大怒不肯遣齊王之膠東因以齊反迎擊田都田都走楚齊王市畏項王乃亡之膠東就國田榮怒追擊

殺之即墨榮因自立為齊王而西擊殺濟北王田安并王三齊榮與彭越將軍印令反梁地陳餘陰使張同夏說說齊王田榮曰項羽為天下宰不平今盡王故王於醜地而王其羣臣諸將善地逐其故主趙王乃北居代餘以為不可聞大王起兵且不聽不義願大王資餘兵請以擊常山以復趙王請以國為扞蔽齊王許之因遣兵之趙陳餘悉發三縣兵與齊并力擊常山大破之張耳走歸漢陳餘迎故趙王歇於代反之趙趙王因立陳餘為代王是時漢還定三秦項

羽聞漢王皆已并關中且東齊趙叛之大怒乃
以故吴令鄭昌為韓王以距漢令蕭公角等擊
彭越彭越敗蕭公角等漢使張良徇韓乃遺項
王書曰漢王失職欲得關中如約即止不敢東
又以齊梁反書遺項王曰齊欲與趙并滅楚楚
以此故無西意而北擊齊徵兵九江王布布稱
疾不往使將將數千人行項王由此怨布也漢
之二年冬項羽遂北至成陽田榮亦將兵會戰
田榮不勝走至平原平原民殺之遂北燒夷齊
城郭室屋皆阬田榮降卒係虜其老弱婦女徇

齊至北海多所殘滅齊人相聚而叛之於是田榮弟田橫收齊亡卒得數萬人反成陽項王因留連戰未能下春漢王部五諸侯兵凡五十六萬人東伐楚項王聞之即令諸將擊齊而自以精兵三萬人南從魯出胡陵四月漢皆已入彭城收其貨寶美人日置酒高會項王乃西從蕭晨擊漢軍而東至彭城日中大破漢軍漢軍皆走相隨入穀泗水殺漢卒十餘萬人漢卒皆南走山楚又追擊至靈壁東睢水上漢軍却為楚所擠多殺漢卒十餘萬人皆入睢水睢水為之

不流圍漢王三匝於是大風從西北而起折木發屋揚沙石窈冥晝晦逢迎楚軍楚軍大亂壞散而漢王乃得與數十騎遁去欲過沛收家室而西楚亦使人追之沛取漢王家家皆亡不與漢王相見漢王道逢得孝惠魯元乃載行楚騎追漢王漢王急推墮孝惠魯元車下滕公常下收載之如是者三曰雖急不可以驅奈何棄之於是遂得脫求太公呂后不相遇審食其從太公呂后間行求漢王反遇楚軍楚軍遂與歸報項王項王常置軍中是時呂后兄周呂侯為漢

將兵居下邑漢王間往從之稍稍收其士卒至滎陽諸敗軍皆會蕭何亦發關中老弱未傅悉詣滎陽復大振楚起於彭城常乘勝逐北與漢戰滎陽南京索間漢敗楚楚以故不能過滎陽而西項王之救彭城追漢王至滎陽田橫亦得收齊立田榮子廣為齊王漢王之敗彭城諸侯皆復與楚而背漢漢軍滎陽築甬道屬之河以取敖倉粟漢之三年項王數侵奪漢甬道漢王食乏恐請和割滎陽以西為漢項王欲聽之歷陽侯范增曰漢易與耳今釋弗取後必悔之項

王乃與范增急圍滎陽漢王患之乃用陳平計間項王項王使者來為大牢具舉欲進之見使者詳驚愕曰吾以為亞父使者乃反項王使者更持去以惡食食項王使者使者歸報項王項王乃疑范增與漢有私稍奪之權范增大怒曰天下事大定矣君王自為之願賜骸骨歸卒伍項王許之行未至彭城疽發背而死漢將紀信說漢王曰事已急矣請為王誑楚為王王可以間出於是漢王夜出女子滎陽東門被甲二千人楚兵四面擊之紀信乘黃屋車傅左纛曰城

中食盡漢王降楚軍皆呼萬歲漢王亦與數十騎從城西門出走成皐項王見紀信問漢王安在信曰漢王已出矣項王燒殺紀信漢王使御史大夫周苛樅公魏豹守滎陽周苛樅公謀曰反國之王難與守城乃共殺魏豹楚下滎陽城生得周苛項王謂周苛曰為我將我以公為上將軍封三萬戶周苛罵曰若不趣降漢漢今虜若若非漢敵也項王怒烹周苛并殺樅公漢王之出滎陽南走宛葉得九江王布行收兵復入保成皐漢之四年項王進兵圍成皐漢王逃獨

與滕公出成皐北門渡河走修武從張耳韓信軍諸將稍稍得出成皐從漢王楚遂拔成皐欲西漢使兵距之鞏令其不得西是時彭越渡河擊楚東阿殺楚將軍薛公項王乃自東擊彭越漢王得淮陰侯兵欲渡河南鄭忠說漢王乃止壁河内使劉賈將兵佐彭越燒楚積聚項王東擊破之走彭越漢王則引兵渡河復取成皐軍廣武就敖倉食項王已定東海來西與漢俱臨廣武而軍相守數月當此時彭越數反梁地絕楚糧食項王患之為高俎置太公其上告漢王

曰今不急下吾烹太公漢王曰吾與項羽倶北面受命懷王曰約爲兄弟吾翁卽若翁必欲烹而翁則幸分我一桮羹項王怒欲殺之項伯曰天下事未可知且爲天下者不顧家雖殺之無益秪益禍耳項王從之楚漢久相持未決丁壯苦軍旅老弱罷轉漕項王謂漢王曰天下匈匈數歲者徒以吾兩人耳願與漢王挑戰決雌雄毋徒苦天下之民父子爲也漢王笑謝曰吾寧鬪智不能鬪力項王令壯士出挑戰漢有善騎射者樓煩楚挑戰三合樓煩輒射殺之項王大

怒乃自被甲持戟挑戰樓煩欲射之項王瞋目叱之樓煩目不敢視手不敢發遂走還入壁不敢復出漢王使人閒問之乃項王也漢王大驚於是項王乃即漢王相與臨廣武閒而語漢王數之項王怒欲一戰漢王不聽項王伏弩射中漢王漢王傷走入成皐項王聞淮陰侯已舉河北破齊趙且欲擊楚乃使龍且往擊之淮陰侯與戰騎將灌嬰擊之大破楚軍殺龍且韓信因自立為齊王項王聞龍且軍破則恐使盱台人武涉往說淮陰侯淮陰侯弗聽是時彭越復反

下梁地絕楚糧項王乃謂海春侯大司馬曹咎
等曰謹守成皐則漢欲挑戰慎勿與戰毋令得
東而已我十五日必誅彭越定梁地復從將軍
乃東行擊陳留外黃外黃不下數日已降項王
怒悉令男子年十五已上詣城東欲阬之外黃
令舍人兒年十三往說項王曰彭越彊劫外黃
外黃恐故且降待大王大王至又皆阬之百姓
豈有歸心從此以東梁地十餘城皆恐莫肯下
矣項王然其言乃赦外黃當阬者東至睢陽聞
之皆爭下項王漢果數挑楚軍戰楚軍不出使

人辱之五六日大司馬怒渡兵汜水士卒半渡
漢擊之大破楚軍盡得楚國貨賂大司馬咎長
史翳塞王欣皆自剄汜水上大司馬咎者故蘄
獄掾長史欣亦故櫟陽獄吏兩人嘗有德於項
梁是以項王信任之當是時項王在睢陽聞海
春侯軍敗則引兵還漢軍方圍鍾離眛於滎陽
東項王至漢軍畏楚盡走險阻是時漢兵盛食
多項王兵罷食絕漢遣陸賈說項王請太公項
王弗聽漢王復使侯公往說項王項王乃與漢
約中分天下割鴻溝以西者為漢鴻溝而東者

為楚項王許之即歸漢王父母妻子軍皆呼萬
歲漢王乃封侯公為平國君匿弗肯復見曰此
天下辯士所居傾國故號為平國君項王已約
乃引兵解而東歸漢欲西歸張良陳平說曰漢
有天下太半而諸侯皆附之楚兵罷食盡此天
亡楚之時也不如因其機而遂取之今釋弗擊
此所謂養虎自遺患也漢王聽之漢五年漢王
乃追項王至陽夏南止軍與淮陰侯韓信建成
侯彭越期會而擊楚軍至固陵而信越之兵不
會楚擊漢軍大破之漢王復入壁深塹而自守

謂張子房曰諸侯不從約爲之奈何對曰楚兵且破信越未有分地其不至固宜君王能與共分天下今可立致也即不能事未可知也君王能自陳以東傅海盡與韓信睢陽以北至穀城以與彭越使各自爲戰則楚易敗也漢王曰善於是乃發使者告韓信彭越曰幷力擊楚楚破自陳以東傅海與齊王睢陽以北至穀城與彭相國使者至韓信彭越皆報曰請今進兵韓信乃從齊往劉賈軍從壽春並行屠城父至垓下大司馬周殷叛楚以舒屠六舉九江兵隨劉賈

彭越皆會垓下詣項王項王軍壁垓下兵少食盡漢軍及諸侯兵圍之數重夜聞漢軍四面皆楚歌項王乃大驚曰漢皆已得楚乎是何楚人之多也項王則夜起飲帳中有美人名虞常幸從駿馬名騅常騎之於是項王乃悲歌忼慨自爲詩曰力拔山兮氣盖世時不利兮騅不逝騅不逝兮可奈何虞兮虞兮奈若何歌數闋美人和之項王泣數行下左右皆泣莫能仰視於是項王乃上馬騎麾下壯士騎從者八百餘人直夜潰圍南出馳走平明漢軍乃覺之令騎將灌

嬰以五千騎追之項王渡淮騎能屬者百餘人耳項王至陰陵迷失道問一田父田父紿曰左左乃陷大澤中以故漢追及之項王乃復引兵而東至東城乃有二十八騎漢騎追者數千人項王自度不得脫謂其騎曰吾起兵至今八歲矣身七十餘戰所當者破所擊者服未嘗敗北遂霸有天下然今卒困於此此天之亡我非戰之罪也今日固決死願為諸君決戰必三勝之為諸君潰圍斬將刈旗令諸君知天亡我非戰之罪也乃分其騎以為四隊四嚮漢軍圍之數

重項王謂其騎曰吾為公取彼一將令四面騎馳下期山東為三處於是項王大呼馳下漢軍皆披靡遂斬漢一將是時赤泉侯為騎將追項王項王瞋目而叱之赤泉侯人馬俱驚辟易數里與其騎會為三處漢軍不知項王所在乃分軍為三復圍之項王乃馳復斬漢一都尉殺數十百人復聚其騎亡其兩騎耳乃謂其騎曰何如騎皆伏曰如大王言於是項王乃欲東渡烏江烏江亭長檥船待謂項王曰江東雖小地方千里衆數十萬人亦足王也願大王急渡今獨

臣有船漢軍至無以渡項王笑曰天之亡我我
何渡為且籍與江東子弟八千人渡江而西今
無一人還縱江東父兄憐而王我我何面目見
之縱彼不言籍獨不愧於心乎乃謂亭長曰吾
知公長者吾騎此馬五歲所當無敵嘗一日行
千里不忍殺之以賜公乃令騎皆下馬步行持
短兵接戰獨籍所殺漢軍數百人項王身亦被
十餘創顧見漢騎司馬呂馬童曰若非吾故人
乎馬童面之指王翳曰此項王也項王乃曰吾
聞漢購我頭千金邑萬戶吾為若德乃自刎而

死王翳取其頭餘騎相蹂踐爭項王相殺者數十人最其後郎中騎楊喜騎司馬呂馬童郎中呂勝楊武各得其一體五人共會其體皆是分其地爲五封呂馬童爲中水侯封王翳爲杜衍侯封楊喜爲赤泉侯封楊武爲吳防侯封呂勝爲涅陽侯項王已死楚地皆降漢獨魯不下漢乃引天下兵欲屠之爲其守禮義爲主死節乃持項王頭示魯魯父兄乃降始楚懷王初封項籍爲魯公及其死魯最後下故以魯公禮葬項王穀城漢王爲發哀泣之而去諸項氏枝屬漢

王皆不誅乃封項伯為射陽侯桃侯平皐侯玄武侯皆項氏賜姓劉氏

太史公曰吾聞之周生曰舜目蓋重瞳子又聞項羽亦重瞳子羽豈其苗裔邪何興之暴也夫秦失其政陳涉首難豪傑蠭起相與並爭不可勝數然羽非有尺寸乘勢起隴畝之中三年遂將五諸侯滅秦分裂天下而封王侯政由羽出號為霸王位雖不終近古以來未嘗有也及羽背關懷楚放逐義帝而自立怨王侯叛己難矣自矜功伐奮其私智而不師古謂霸王之業欲

以力征經營天下五年卒亡其國身死東城尚不覺悟而不自責過矣乃引天亡我非用兵之罪也豈不謬哉

## 蕭相國世家

蕭相國何者沛豐人也以文無害為沛主吏掾高祖為布衣時何數以吏事護高祖高祖為亭長常左右之高祖以吏繇咸陽吏皆送奉錢三何獨以五秦御史監郡者與從事常辨之何乃給泗水卒史事第一秦御史欲入言徵何何固請得毋行及高祖起為沛公何嘗為丞督事沛

塡同鎭

公至咸陽諸將皆爭走金帛財物之府分之何獨先入收秦丞相御史律令圖書藏之沛公為漢王以何為丞相項王與諸侯屠燒咸陽而去漢王所以具知天下阨塞戶口多少彊弱之處民所疾苦者以何具得秦圖書也何進言韓信漢王以信為大將軍語在淮陰侯事中漢王引兵東定三秦何以丞相留收巴蜀塡撫諭告使給軍食漢二年漢王與諸侯擊楚何守關中侍太子治櫟陽為法令約束立宗廟社稷宮室縣邑輒奏上可許以從事即不及奏上輒以便宜

施行上来以聞關中事計户口轉漕給軍漢王數失軍遁去何常興關中卒輒補缺上以此專屬任何關中事漢三年漢王與項羽相距京索之間上數使使勞苦丞相鮑生謂丞相曰王暴衣露蓋數使使勞苦君者有疑君心也為君計莫若遣君子孫昆弟能勝兵者悉詣軍所上必益信君於是何從其計漢王大說漢五年既殺項羽定天下論功行封羣臣爭功歲餘功不決高祖以蕭何功最盛封為酇侯所食邑多功臣皆曰臣等身被堅執銳多者百餘戰少者數十

合攻城略地大小各有差今蕭何未嘗有汗馬之勞徒持文墨議論不戰顧反居臣等上何也高帝曰諸君知獵乎曰知之知獵狗乎曰知之高帝曰夫獵追殺獸兎者狗也而發蹤指示獸處者人也今諸君徒能得走獸耳功狗也至如蕭何發蹤指示功人也且諸君獨以身隨我多者兩三人今蕭何擧宗數十人皆隨我功不可忘也羣臣皆莫敢言列侯畢已受封及奏位次皆曰平陽侯曹參身被七十創攻城略地功最多宜第一上已撓功臣多封蕭何至位次未有

以復難之然心欲何第一關內侯鄂君進曰羣臣議皆誤夫曹參雖有野戰略地之功此特一時之事夫上與楚相距五歲常失軍亡衆逃身遁者數矣然蕭何常從關中遣軍補其處非上所詔令召而數萬衆會上之乏絶者數矣夫漢與楚相守滎陽數年軍無見糧蕭何轉漕關中給食不乏陛下雖數亡山東蕭何常全關中以待陛下此萬世之功也今雖亡曹參等百數何缺於漢漢得之不必待以全奈何欲以一旦之功而加萬世之功哉蕭何第一曹參次之高祖

曰善於是乃令蕭何賜帶劒履上殿入朝不趍
上曰吾聞進賢受上賞蕭何功雖高得鄂君乃
益明於是因鄂君故所食關内侯邑封爲安平
侯是日悉封何父子兄弟十餘人皆有食邑乃
益封何二千户以帝嘗繇咸陽時何送我獨贏
奉錢二也漢十一年陳豨反高祖自將至邯鄲
未罷淮陰侯謀反關中呂后用蕭何計誅淮陰
侯語在淮陰事中上已聞淮陰侯誅使使拜丞
相何爲相國益封五千户令卒五百人一都尉
爲相國衛諸君皆賀召平獨弔召平者故秦東

陵侯秦破為布衣貧種瓜於長安城東瓜美故
世俗謂之東陵瓜從召平以為名也召平謂相
國曰禍自此始矣上暴露於外而君守於中非
被矢石之事而益君封置衛者以今者淮陰侯
新反於中疑君心矣夫置衛衛君非以寵君也
願君讓封勿受悉以家私財佐軍則上心說相
國從其計高帝乃大喜漢十二年秋黥布反上
自將擊之數使使問相國何為相國為上在軍
乃拊循勉力百姓悉以所有佐軍如陳豨時客
有說相國曰君滅族不久矣夫君位為相國功

第一可復加哉然君初入關中得百姓心十餘年矣皆附君常復孳孳得民和上所為數問君者畏君傾動關中今君胡不多買田地賤貰貸以自汙上心乃安於是相國從其計上乃大說上罷布軍歸民道遮行上書言相國賤彊買民田宅數千萬上至相國謁上笑曰夫相國乃利民民所上書皆以與相國曰君自謝民相國因為民請曰長安地狹上林中多空地棄願令民得入田毋收槀為禽獸食上大怒曰相國多受賈人財物乃為請吾苑乃下相國廷尉械繫之

數日王衛尉侍前問曰相國何大罪陛下繫之暴也上曰吾聞李斯相秦皇帝有善歸主有惡自與今相國多受賈豎金而為民請吾苑以自媚於民故繫治之王衛尉曰夫職事苟有便於民而請之真宰相事陛下柰何乃疑相國受賈人錢乎且陛下距楚數歲陳豨黥布反陛下自將而往當是時相國守關中搖足則關以西非陛下有也相國不以此時為利今乃利賈人之金乎且秦以不聞其過亡天下李斯之分過又何足法哉陛下何疑宰相之淺也高帝不懌是

日使使持節赦出相國相國年老素恭謹入徒跣謝高帝曰相國休矣相國為民請苑吾不許我不過為桀紂主而相國為賢相吾故繫相國欲令百姓聞吾過也何素不與曹參相能及何病孝惠自臨視相國病因問曰君即百歲後誰可代君者對曰知臣莫如主孝惠曰曹參何如何頓首曰帝得之矣臣死不恨矣何置田宅必居窮處為家不治垣屋曰後世賢師吾儉不賢毋為勢家所奪孝惠二年相國何卒謚為文終侯後嗣以罪失侯者四世絕天子輒復求何後

封續鄭侯功臣莫得比焉

太史公曰蕭相國何於秦時為刀筆吏錄錄未有奇節及漢興依日月之末光何謹守管籥因民之疾奉法順流與之更始淮陰黥布等皆以誅滅而何之勳爛焉位冠羣臣聲施後世與閎夭散宜生等爭烈矣

## 留侯世家

留侯張良者其先韓人也大父開地相韓昭侯宣惠王襄哀王父平相釐王悼惠王悼惠王二十三年平卒卒二十歲秦滅韓良年少未宦事

韓韓破良家僮三百人弟死不葬悉以家財求客刺秦王爲韓報仇以大父父五世相韓故良嘗學禮淮陽東見倉海君得力士爲鐵椎重百二十斤秦皇帝東游良與客狙擊秦皇帝博浪沙中誤中副車秦皇帝大怒大索天下求賊甚急爲張良故也良乃更名姓亡匿下邳良嘗閒從容步游下邳圯上有一老父衣褐至良所直墮其履圯下顧謂良曰孺子下取履良愕然欲毆之爲其老彊忍下取履父曰履我良業爲取履因長跪履之父以足受笑而去良殊大驚隨

目之父去里所復還曰孺子可教矣後五日平明與我會此良因怪之跪曰諾五日平明良往父已先在怒曰與老人期後何也去曰後五日早會五日雞鳴良往父又先在復怒曰後何也去曰後五日復早來五日良夜未半往有頃父亦來喜曰當如是出一編書曰讀此則為王者師矣後十年興十三年孺子見我濟北穀城山下黃石即我矣遂去無他言不復見旦日視其書乃太公兵法也良因異之常習誦讀之居下邳為任俠項伯嘗殺人從良匿後十年陳涉等

起兵良亦聚少年百餘人景駒自立為楚假王在留良欲往從之道遇沛公沛公將數千人略地下邳西遂屬焉沛公拜良為廐將良數以太公兵法說沛公沛公善之常用其策良為他人言皆不省良曰沛公殆天授故遂從之不去見景駒及沛公之薛見項梁項梁立楚懷王良乃說項梁曰君已立楚後而韓諸公子橫陽君成賢可立為王益樹黨項梁使良求韓成立以為韓王以良為韓申徒與韓王將千餘人西略韓地得數城秦輒復取之往来為游兵潁川沛公

之從雒陽南出轘轅良引兵從沛公下韓十餘
城擊破楊熊軍沛公乃令韓王成留守陽翟與
良俱南攻下宛西入武關沛公欲以兵二萬人
擊秦嶢下軍良說曰秦兵尚彊未可輕臣聞其
將屠者子賈豎易動以利願沛公且留壁使人
先行為五萬人具食益為張旗幟諸山上為疑
兵令酈食其持重寶啗秦將秦將果畔欲連和
俱西襲咸陽沛公欲聽之良曰此獨其將欲叛
耳恐士卒不從不從必危不如因其解擊之沛
公乃引兵擊秦軍大破之逐北至藍田再戰秦

兵竟敗遂至咸陽秦王子嬰降沛公沛公入秦宮宮室帷帳狗馬重寶婦女以千數意欲留居之樊噲諫沛公出舍沛公不聽良曰夫秦為無道故沛公得至此夫為天下除殘賊宜縞素為資今始入秦即安其樂此所謂助桀為虐且忠言逆耳利於行毒藥苦口利於病願沛公聽樊噲言沛公乃還軍霸上項羽至鴻門下欲擊沛公項伯乃夜馳入沛公軍私見張良欲與俱去良曰臣為韓王送沛公今事有急亡去不義乃具以語沛公沛公大驚曰為將奈何良曰沛公

誠欲倍項羽耶沛公曰鯫生教我距關無内諸侯秦地可盡王故聽之良曰沛公自度能却項羽乎沛公默然良久曰固不能也今為奈何良乃固要項伯項伯見沛公沛公與飲為壽結賓婚令項伯具言沛公不敢倍項羽所以距關者備他盜也及見項羽後解語在項羽事中漢元年正月沛公為漢王王巴蜀漢王賜良金百鎰珠二斗良具以獻項伯漢王亦因令良厚遺項伯使請漢中地項王乃許之遂得漢中地漢王之國良送至褒中遣良歸韓良因說漢王曰王

何不燒絶所過棧道示天下無還心以固項王意乃使良還行燒絶棧道良至韓韓王成以良從漢王故項王不遣成之國從與俱東良說項王曰漢王燒絶棧道無還心矣乃以齊王田榮反書告項王項王以此無西憂漢心而發兵北擊齊項王竟不肯遣韓王乃以為侯又殺之彭城良亡間行歸漢王漢王亦已還定三秦矣復以良為成信侯從東擊楚至彭城漢敗而還至下邑漢王下馬踞鞍而問曰吾欲捐關以東等棄之誰可與共功者良進曰九江王黥布楚梟

將與項王有郄彭越與齊王田榮反梁地此兩人可急使而漢王之將獨韓信可屬大事當一面即欲捐之捐之此三人則楚可破也漢王乃遣隨何說九江王布而使人連彭越及魏王豹反使韓信將兵擊之因舉燕代齊趙然卒破楚者此三人力也張良多病未嘗特將也常為畫策臣時時從漢王漢三年項羽急圍漢王滎陽漢王恐憂與酈食其謀撓楚權食其曰昔湯伐桀封其後於杞武王伐紂封其後於宋今秦失德棄義侵伐諸侯社稷滅六國之後使無立錐

之地陛下誠能復立六國後世畢已受印此其君臣百姓必皆戴陛下之德莫不鄉風慕義願為臣妾德義已行陛下南鄉稱霸楚必斂衽而朝漢王曰善趣刻印先生因行佩之矣食其未行張良從外來謁漢王方食曰子房前客有為我計撓楚權者具以酈生語告於子房曰何如良曰誰為陛下畫此計者陛下事去矣漢王曰何哉張良對曰臣請藉前箸為大王籌之曰昔者湯伐桀而封其後於杞者度其制桀之死命也今陛下能制項籍之死命乎曰未能也其不

可一也武王伐紂封其後於宋者度能得紂之頭也今陛下能得項籍之頭乎曰未能也其不可二也武王入殷表商容之閭釋箕子之拘封比干之墓今陛下能封聖人之墓表賢者之閭式智者之門乎曰未能也其不可三也發鉅橋之粟散鹿臺之錢以賜貧窮今陛下能散府庫以賜貧窮乎曰未能也其不可四矣殷事已畢偃革為軒倒置干戈覆以虎皮以示天下不復用兵今陛下能偃武行文不復用兵乎曰未能也其不可五矣休馬華山之陽示以無所為今

陛下能休馬無所用乎曰未能也其不可六矣
放牛桃林之陰以示不復輸積今陛下能放牛
不復輸積乎曰未能也其不可七矣且天下游
士離其親戚棄墳墓去故舊從陛下游者徒欲
日夜望咫尺之地今復六國立韓魏燕趙齊楚
之後天下游士各歸事其主從其親戚反其故
舊墳墓陛下與誰取天下乎其不可八矣且夫
楚唯無彊六國立者復撓而從之陛下焉得而
臣之誠用客之謀陛下事去矣漢王輟食吐哺
罵曰豎儒幾敗而公事令趣銷印漢四年韓信

破齊而欲自立為齊王漢王怒張良說漢王漢王使良授齊王信印語在淮陰事中其秋漢王追楚至陽夏南戰不利而壁固陵諸侯期不至良說漢王漢王用其計諸侯皆至語在項籍事中漢六年正月封功臣良未嘗有戰鬪功高帝曰運籌策帷帳中决勝千里外子房功也自擇齊三萬戶良曰始臣起下邳與上會留此天以臣授陛下陛下用臣計幸而時中臣願封留足矣不敢當三萬戶乃封張良為留侯與蕭何等俱封六年上已封大功臣二十餘人其餘日夜

爭功不決未得行封上在雒陽南宮從復道望見諸將往往相與坐沙中語上曰此何語留侯曰陛下不知乎此謀反耳上曰天下屬安定何故反乎留侯曰陛下起布衣以此屬取天下今陛下為天子而所封皆蕭曹故人所親愛而所誅者皆生平所仇怨今軍吏計功以天下不足徧封此屬畏陛下不能盡封恐又見疑平生過失及誅故即相聚謀反耳上乃憂曰為之柰何留侯曰上平生所憎羣臣所共知誰最甚者上曰雍齒與我故數嘗窘辱我我欲殺之為其功

多故不忍留侯曰今急先封雍齒以示羣臣羣臣見雍齒封則人人自堅矣於是上乃置酒封雍齒爲什方侯而急趣丞相御史定功行封羣臣罷酒皆喜曰雍齒尚爲侯我屬無患矣劉敬說高帝曰都關中上疑之左右大臣皆山東人多勸上都雒陽雒陽東有成皐西有殽黽倍河向伊雒其固亦足恃留侯曰雒陽雖有此固其中小不過數百里田地薄四面受敵此非用武之國也夫關中左殽函右隴蜀沃野千里南有巴蜀之饒北有胡苑之利阻三面而守獨以一

面東制諸侯諸侯安定河渭漕輓天下西給京師諸侯有變順流而下足以委輸此所謂金城千里天府之國也劉敬說是也於是高帝即日駕西都關中留侯從入關留侯性多病即道引不食穀杜門不出歲餘上欲廢太子立戚夫人子趙王如意大臣多諫爭未能得堅決者也呂后恐不知所為人或謂呂后曰留侯善畫計筴上信用之呂后乃使建成侯呂澤劫留侯曰君常為上謀臣今上欲易太子君安得高枕而臥乎留侯曰始上數在困急之中幸用臣筴今天

下安定以愛欲易太子骨肉之間雖臣等百餘人何益呂澤彊要曰為我畫計留侯曰此難以口舌爭也顧上有不能致者天下有四人四人者年老矣皆以為上慢侮人故逃匿山中義不為漢臣然上高此四人今公誠能無愛金玉璧帛令太子為書卑辭安車因使辯士固請宜来来以為客時時從入朝令上見之則必異而問之問之上知此四人賢則一助也於是呂后令呂澤使人奉太子書卑辭厚禮迎此四人四人至客建成侯所漢十一年黥布反上病欲使太

子將往擊之四人相謂曰凡來者將以存太子
太子將兵事危矣乃說建成侯曰太子將兵有
功則位不益太子無功還則從此受禍矣且太
子所與俱諸將皆嘗與上定天下梟將也今使
太子將之此無異使羊將狼也皆不肯爲盡力
其無功必矣臣聞母愛者子抱今戚夫人日夜
侍御趙王如意常抱居前上曰終不使不肖子
居愛子之上明乎其代太子位必矣君何不急
請呂后承間爲上泣言黥布天下猛將也善用
兵今諸將皆陛下故等夷乃令太子將此屬無

異使羊將狼莫肯為用且使布聞之則鼓行而
西耳上雖病彊載輜車臥而護之諸將不敢不
盡力上雖苦為妻子自彊於是呂澤立夜見呂
后呂后承間為上泣涕而言如四人意上曰吾
惟豎子固不足遣而公自行耳於是上自將兵
而東羣臣居守皆送至灞上留侯病自彊起至
曲郵見上曰臣宜從病甚楚人剽疾願上無與
楚人爭鋒因說上曰令太子為將軍監關中兵
上曰子房雖病彊臥而傅太子是時叔孫通為
太傅留侯行少傅事漢十二年上從擊破布軍

角音鹿



歸疾益甚愈欲易太子留侯諫不聽因疾不視事叔孫太傅稱說引古今以死爭太子上詳許之猶欲易之及燕置酒太子侍四人從太子年皆八十有餘鬚眉皓白衣冠甚偉上怪之問曰彼何為者四人前對各言名姓曰東園公角里先生綺里季夏黃公上乃大驚曰吾求公數歲公辟逃我今公何自從吾兒游乎四人皆曰陛下輕士善罵臣等義不受辱故恐而亡匿竊聞太子為人仁孝恭敬愛士天下莫不延頸欲為太子死者故臣等來耳上曰煩公幸卒調護太

子四人爲壽已畢趨去上目送之召戚夫人指示四人者曰我欲易之彼四人輔之羽翼已成難動矣呂后真而主矣戚夫人泣上曰爲我楚舞吾爲若楚歌歌曰鴻鵠高飛一舉千里羽翮已就横絶四海横絶四海當可柰何雖有矰繳尚安所施歌數闋戚夫人噓唏流涕上起去罷酒竟不易太子者留侯本招此四人之力也留侯從上擊代出奇計馬邑下及立蕭何相國所與上從容言天下事甚衆非天下所以存亡故不著留侯乃稱曰家世相韓及韓滅不愛萬金

之資為韓報讎彊秦天下振動今以三寸舌為帝者師封萬戶位列侯此布衣之極於良足矣願棄人間事欲從赤松子游耳乃學辟穀道引輕身會高帝崩呂后德留侯乃彊食之曰人生一世間如白駒過隙何至自苦如此乎留侯不得已彊聽而食後八年卒謚為文成侯子不疑代侯子房始所見下邳圯上老父與太公書者後十三年從高帝過濟北果見穀城山下黃石取而葆祠之留侯死并葬黃石冢每上冢伏臘祠黃石留侯不疑孝文帝五年坐不敬國除

太史公曰學者多言無鬼神然言有物至如留
侯所見考父予書亦可怪矣高祖離困者數矣
而留侯常有功力焉豈可謂非天乎上曰夫運
籌筴帷帳之中决勝千里外吾不如子房余以
爲其人計魁梧奇偉至見其圖狀貌如婦人好
女蓋孔子曰以貌取人失之子羽留侯亦云

史記英選卷之一

史記英選卷之二

伯夷傳

夫學者載籍極博猶考信於六藝詩書雖缺然虞夏之文可知也堯將遜位讓於虞舜舜禹之間岳牧咸薦乃試之於位典職數十年功用既興然後授政示天下重器王者大統傳天下若斯之難也而說者曰堯讓天下於許由許由不受恥之逃隱及夏之時有卞隨務光者此何以稱焉太史公曰余登箕山其上蓋有許由冢云孔子序列古之仁聖賢人如吳太伯伯夷之倫

詳矣余以所聞由光義至高其文辭不少概見何哉孔子曰伯夷叔齊不念舊惡怨是用希求仁得仁又何怨乎余悲伯夷之意睹軼詩可異焉其傳曰伯夷叔齊孤竹君之二子也父欲立叔齊及父卒叔齊讓伯夷伯夷曰父命也遂逃去叔齊亦不肯立而逃之國人立其中子於是伯夷叔齊聞西伯昌善養老盍往歸焉及至西伯卒武王載木主號為文王東伐紂伯夷叔齊叩馬而諫曰父死不葬爰及干戈可謂孝乎以臣弑君可謂仁乎左右欲兵之太公曰此義人

也扶而去之武王已平殷亂天下宗周而伯夷叔齊恥之義不食周粟隱於首陽山采薇而食之及餓且死作歌其辭曰登彼西山兮采其薇矣以暴易暴兮不知其非矣神農虞夏忽焉沒兮我安適歸矣于嗟徂兮命之衰矣遂餓死於首陽山由此觀之怨耶非耶或曰天道無親常與善人若伯夷叔齊可謂善人者非耶積仁潔行如此而餓死且七十子之徒仲尼獨薦顏淵為好學然回也屢空糟糠不厭而卒蚤夭天之報施善人其何如哉盜跖日殺不辜肝人之肉

暴戾恣睢聚黨數千人橫行天下竟以壽終是遵何德哉此其尤大彰明較著者也若至近世操行不軌專犯忌諱而終身逸樂富厚累世不絶或擇地而蹈之時然後出言行不由徑非公正不發憤而遇禍災者不可勝數也余甚惑焉儻所謂天道是耶非耶子曰道不同不相為謀亦各從其志也故曰富貴如可求雖執鞭之士吾亦為之如不可求從吾所好歲寒然後知松栢之後凋舉世混濁清士乃見豈以其重若彼其輕若此哉君子疾沒世而名不稱焉賈子曰

貪夫徇財烈士徇名夸者死權衆庶馮生同明相照同類相求雲從龍風從虎聖人作而萬物覩伯夷叔齊雖賢得夫子而名益彰顏淵雖篤學附驥尾而行益顯巖穴之士趨舍有時若此類名堙滅而不稱悲夫閭巷之人欲砥行立名者非附青雲之士惡能施於後世哉

管仲晏嬰傳

管仲夷吾者潁上人也少時常與鮑叔牙游鮑叔知其賢管仲貧困常欺鮑叔鮑叔終善遇之不以爲言已而鮑叔事齊公子小白管仲事公

子糾及小白立爲桓公公子糾死管仲囚焉鮑叔遂進管仲管仲既用任政於齊齊桓公以霸九合諸侯一匡天下管仲之謀也管仲曰吾始困時嘗與鮑叔賈分財利多自與鮑叔不以我爲貪知我貧也吾嘗爲鮑叔謀事而更窮困鮑叔不以我爲愚知時有利不利也吾嘗三仕三見逐於君鮑叔不以我爲不肖知我不遭時也吾嘗三戰三走鮑叔不以我爲怯知我有老母也公子糾敗召忽死之吾幽囚受辱鮑叔不以我爲無恥知我不羞小節而恥功名不顯于天

下也生我者父母知我者鮑子也鮑叔既進管仲以身下之子孫世祿於齊有封邑者十餘世常為名大夫天下不多管仲之賢而多鮑叔能知人也管仲既任政相齊以區區之齊在海濱通貨積財富國彊兵與俗同好惡故其稱曰倉廩實而知禮節衣食足而知榮辱上服度則六親固四維不張國乃滅亡下令如流水之源令順民心故論卑而易行俗之所欲因而予之俗之所否因而去之其為政也善因禍而為福轉敗而為功貴輕重慎權衡桓公實怒少姬南襲

蔡管仲因而伐楚責包茅不入貢於周室桓公實北征山戎而管仲因而令燕修召公之政於柯之會桓公欲背曹沫之約管仲因而信之諸侯由是歸齊故曰知與之爲取政之寶也管仲富擬於公室有三歸反坫齊人不以爲侈管仲卒齊國遵其政常彊於諸侯後百餘年而有晏子焉

晏平仲嬰者萊之夷維人也事齊靈公莊公景公以節儉力行重於齊既相齊食不重肉妾不衣帛其在朝君語及之即危言語不及之即危

行國有道即順命無道即衡命以此三世顯名
於諸侯越石父賢在縲紲中晏子出遭之塗解
左驂贖之載歸弗謝入閨久之越石父請絕晏
子懼然攝衣冠謝曰嬰雖不仁免子於厄何子
求絕之速也石父曰不然吾聞君子詘於不知
已而信於知已者方吾在縲紲中彼不知我也
夫子既以感寤而贖我是知已知已而無禮固
不如在縲紲之中晏子於是延入為上客晏子
為齊相出其御之妻從門間而闚其夫其夫為
相御擁大蓋策駟馬意氣揚揚甚自得也既而

歸其妻請去夫問其故妻曰晏子長不滿六尺身相齊國名顯諸侯今者妾觀其出志念深矣常有以自下者今子長八尺乃為人僕御然子之意自以為足妾是以求去也其後夫自抑損晏子怪而問之御以實對晏子薦以為大夫

太史公曰吾讀管氏牧民山高乘馬輕重九府及晏子春秋詳哉其言之也既見其著書欲觀其行事故次其傳至其書世多有之是以不論論其軼事管仲世所謂賢臣然孔子小之豈以為周道衰微桓公既賢而不勉之至王乃稱霸

哉語曰將順其美匡救其惡故上下能相親也豈管仲之謂乎方晏子伏莊公尸哭之成禮然後去豈所謂見義不爲無勇者耶至其諫說犯君之顔此所謂進思盡忠退思補過者哉假令晏子而在余雖爲之執鞭所忻慕焉

## 伍子胥傳

伍子胥者楚人也名員員父曰伍奢員兄曰伍尚其先曰伍擧以直諫事楚莊王有顯故其後世有名於楚楚平王有太子名曰建使伍奢爲太傅費無忌爲少傅無忌不忠於太子建平王

使無忌爲太子取婦於秦秦女好無忌馳歸報平王曰秦女絶美王可自取而更爲太子取婦平王遂自取秦女而絶愛幸之生子軫更爲太子取婦無忌既以秦女自媚於平王因去太子而事平王恐一旦平王卒而太子立殺己乃因讒太子建建母蔡女也無寵於平王平王稍益疏建使建守城父備邊兵頃之無忌又日夜言太子短於王曰太子以秦女之故不能無怨望願王少自備也自太子居城父將兵外交諸侯且欲入爲亂矣平王乃召其太傅伍奢考問之

伍奢知無忌讒太子於平王因曰王獨奈何以讒賊小臣踈骨肉之親乎無忌曰王今不制其事成矣王且見禽於是平王怒囚伍奢而使城父司馬奮揚往殺太子行未至奮揚使人先告太子太子急去不然將誅太子建亡奔宋無忌言於平王曰伍奢有二子皆賢不誅且為楚憂可以其父質而召之不然且為楚患王使使謂伍奢曰能致汝二子則生不能則死伍奢曰尚為人仁呼必來員為人剛戾忍詬能成大事彼見來之并禽其勢必不來王不聽使人召二子

曰来吾生汝父不来今殺奢也伍尚欲往員曰楚之召我兄弟非欲以生我父也恐有脫者後生患故以父為質詐召二子二子去則父子俱死何益父之死往而令讎不得報耳不如奔他國借力以雪父之恥俱滅無為也伍尚曰我知往終不能全父命然恨父召我以求生而不往後不能雪恥終為天下笑耳謂員可去矣汝能報殺父之讎我將歸死尚既就執使者捕伍胥伍胥貫弓執矢嚮使者使者不敢進伍胥遂亡聞太子建之在宋往從之奢聞子胥之亡也曰

貫音彎

楚國君臣且苦兵矣伍尚至楚楚并殺奢與尚也伍胥既至宋宋有華氏之亂乃與太子建俱奔於鄭鄭人甚善之太子建又適晉晉頃公曰太子既善鄭鄭信太子太子能為我內應而我攻其外滅鄭必矣滅鄭而封太子太子乃還鄭事未會會自私欲殺其從者從者知其謀乃告之於鄭鄭定公與子產誅殺太子建建有子名勝伍胥懼乃與勝俱奔吳到昭關昭關欲執之伍胥遂與勝獨身步走幾不得脫追者在後至江江上有一漁父乘船知伍胥之急乃渡伍胥

伍胥既渡解其劍曰此劍直百金以與父父曰楚國之法得伍胥者賜粟五萬石爵執珪豈徒百金劍耶不受伍胥未至吳而疾止中道乞食至於吳吳王僚方用事公子光爲將伍胥乃因公子光以求見吳王久之楚平王以其邊邑鍾離與吳邊邑卑梁氏俱蠶兩女子爭桑相攻乃大怒至於兩國舉兵相伐吳使公子光伐楚拔其鍾離居巢而歸伍子胥說吳王僚曰楚可破也願復遣公子光公子光謂吳王曰彼伍胥父兄爲戮於楚而勸王伐楚者欲以自報其讎耳

伐楚未可破也伍胥知公子光有内志欲殺王而自立未可說以外事乃進專諸於公子光退而與太子建之子勝耕於野五年而楚平王卒初平王所奪太子建秦女生子軫及平王卒軫竟立為後是為昭王吳王僚因楚喪使二公子將兵往襲楚楚發兵絶吳兵之後不得歸吳國内空而公子光乃令專諸襲刺吳王僚而自立是為吳王闔廬闔廬既立得志乃召伍員以為行人而與謀國事楚誅其大臣郤宛伯州犁伯州犁之孫伯嚭亡奔吳吳亦以嚭為大夫前王

僚所遣二公子將兵伐楚者道絶不得歸後闔閭弑王僚自立遂以其兵降楚楚封之於舒闔廬立三年乃興師與伍胥伯嚭伐楚拔舒遂禽故吳反二將軍因欲至郢將軍孫武曰民勞未可且待之乃歸四年吳伐楚取六與潛五年伐越敗之六年楚昭王使公子囊瓦將兵伐吳吳使伍員迎擊大破楚軍於豫章取楚之居巢九年吳王闔廬謂子胥孫武曰始子言郢未可入今果何如二子對曰楚將囊瓦貪而唐蔡皆怨之王必欲大伐之必先得唐蔡乃可闔廬聽

之悉與師與唐蔡伐楚與楚夾漢水而陳吳王之弟夫概將兵請從王不聽遂以其屬五千人擊楚將子常子常敗走奔鄭於是吳乘勝而前五戰遂至郢己卯楚昭王出奔庚辰吳王入郢昭王出亡入雲夢盜擊王王走鄖鄖公弟懷曰平王殺我父我殺其子不亦可乎鄖公恐其弟殺王與王奔隨吳兵圍隨謂隨人曰周之子孫在漢川者楚盡滅之隨人欲殺王王子綦匿王己自為王以當之隨人卜與王於吳不吉乃謝吳不與王始伍員與申包胥為交員之亡也謂

包胥曰我必覆楚包胥曰我必存之及吳兵入郢伍子胥求昭王既不得乃掘楚平王墓出其尸鞭之三百然後已申包胥亡於山中使人謂子胥曰子之報讎其以甚乎吾聞之人衆者勝天天定亦能勝人今子故平王之臣親北面而事之今至於僇死人此豈其無天道之極乎伍子胥曰為我謝申包胥曰吾日暮塗遠吾故倒行而逆施之於是申包胥走秦告急求救於秦秦不許包胥立於秦廷晝夜哭七日七夜不絕其聲秦哀公憐之曰楚雖無道有臣若是可無

存乎乃遣車五百乘救楚擊吳六月敗吳兵於
稷會吳王久留楚求昭王而闔廬弟夫概乃亡
歸自立爲王闔廬聞之乃釋楚而歸擊其弟夫
概夫概敗走遂奔楚楚昭王見吳有內亂乃復
入郢封夫概於堂谿爲堂谿氏楚復與吳戰敗
吳吳王乃歸後二歲闔廬使太子夫差將兵伐
楚取番楚懼吳復大來乃去郢徙於鄀當是時
吳以伍子胥孫武之謀西破彊楚北威齊晉南
服越人其後四年孔子相魯後五年伐越越王
句踐迎擊敗吳於姑蘇傷闔廬指軍卻闔廬病

湫音椒

創將死謂太子夫差曰爾忘句踐殺爾父乎夫差對曰不敢忘是夕闔廬死夫差既立爲王以伯嚭爲太宰習戰射二年後伐越敗越於夫湫越王句踐乃以餘兵五千人棲於會稽之上使大夫種厚幣遺吳太宰嚭以請和求委國爲臣妾吳王將許之伍子胥諫曰越王爲人能辛苦今王不滅後必悔之吳王不聽用太宰嚭計與越平其後五年而吳王聞齊景公死而大臣爭寵新君弱乃興師北伐齊伍子胥諫曰句踐食不重味弔死問疾且欲有所用之也此人不死

必為吳患今吳之有越猶人之有腹心疾也而王不先越而乃務齊不亦謬乎吳王不聽伐齊大敗齊師於艾陵遂滅鄒魯之君以歸益疏子胥之謀其後四年吳王將北伐齊越王句踐用子貢之謀乃率其衆以助吳而重寶以獻遺大宰嚭大宰嚭既數受越賂其愛信越殊甚日夜為言於吳王吳王信用嚭之計伍子胥諫曰夫越腹心之病今信其浮辭詐偽而貪齊破齊譬猶石田無所用之且盤庚之誥曰有顛越不恭劓殄滅之俾無遺育無使易種于茲邑此商之

所以興願王釋齊而先越若不然後將悔之無及而吳王不聽使子胥於齊子胥臨行謂其子曰吾數諫王王不用吾今見吳之亡矣汝與吳俱亡無益也乃屬其子於齊鮑牧而還報吳吳太宰嚭既與子胥有隙因讒曰子胥為人剛暴少恩猜賊其怨望恐為深禍也前日王欲伐齊子胥以為不可王卒伐之而有大功子胥恥其計謀不用乃反怨望而今王又復伐齊子胥專愎彊諫沮毀用事徒幸吳之敗以自勝其計謀耳今王自行悉國中武力以伐齊而子胥諫不

用因輟謝詳病不行王不可不備此起禍不難且嚭使人微伺之其使於齊也乃屬其子於齊之鮑氏夫為人臣內不得意外倚諸侯自以為先王之謀臣今不見用常鞅鞅怨望願王早圖之吳王曰微子之言吾亦疑之乃使使賜伍子胥屬鏤之劍曰子以此死伍子胥仰天歎曰嗟乎讒臣嚭為亂矣王乃反誅我我令若父霸自若未立時諸公子爭立我以死爭之於先王幾不得立若既得立欲分吳國予我我顧不敢望也然今若聽諛臣言以殺長者乃告其舍人曰

必樹吾墓上以梓令可以為器而抉吾眼縣吳東門之上以觀越寇之入滅吳也乃自剄死吳王聞之大怒乃取子胥尸盛以鴟夷革浮之江中吳人憐之為立祠於江上因命曰胥山吳王既誅伍子胥遂伐齊齊鮑氏殺其君悼公而立陽生吳王欲討其賊不勝而去其後二年吳王召魯衛之君會之槖皐其明年因北大會諸侯於黃池以令周室越王句踐襲殺吳太子破吳兵吳王聞之乃歸使使厚幣與越平後九年越王句踐遂滅吳殺王夫差而誅太宰嚭以不忠

於其君而外受重賂與已比周也伍子胥初所與俱亡故楚太子建之子勝者在於吳吳王夫差之時楚惠王欲召勝歸楚葉公諫曰勝好勇而陰求死士殆有私乎惠王不聽遂召勝使居楚之邊邑鄢號為白公白公歸楚三年而吳誅子胥白公勝既歸楚怨鄭之殺其父乃陰養死士求報鄭歸楚五年請伐鄭楚令尹子西許之兵未發而晉伐鄭鄭請救於楚楚使子西往救與盟而還白公勝怒曰非鄭之仇乃子西也勝自礪劍人問曰何以為勝曰欲以殺子西子西

閭之笑曰勝如卵耳何能爲也其後四歲白公勝與石乞襲殺楚令尹子西司馬子綦於朝石乞曰不殺王不可乃劫之王如高府石乞從者屈固負楚惠王亡走昭夫人之宮葉公聞白公爲亂率其國人攻白公白公之徒敗亡走山中自殺而虜石乞而問白公尸處不言將烹石乞曰事成爲卿不成而烹固其職也終不肯告其尸處遂烹石乞而求惠王復立之

太史公曰怨毒之於人甚矣哉王者尚不能行之於臣下況同列乎向令伍子胥從奢俱死何

異螻蟻棄小義雪大恥名垂於後世悲夫方子胥窘於江上道乞食志豈嘗須臾忘郢耶故隱忍就功名非烈丈夫孰能致此哉白公如不自立為君者其功謀亦不可勝道者哉

## 蘇秦傳

蘇秦者東周雒陽人也東事師於齊而習之於鬼谷先生出游數歲大困而歸兄弟嫂妹妻妾竊皆笑之曰周人之俗治產業力工商逐什二以為務今子釋本而事口舌困不亦宜乎蘇秦聞之而慙自傷乃閉室不出出其書徧觀之曰

夫士業已屈首受書而不能以取尊榮雖多亦
奚以爲於是得周書陰符伏而讀之期年以出
揣摩曰此可以說當世之君矣求說周顯王顯
王左右素習知蘇秦皆少之弗信乃西至秦秦
孝公卒說惠王曰秦四塞之國被山帶渭東有
關河西有漢中南有巴蜀北有代馬此天府也
以秦士民之衆兵法之教可以吞天下稱帝而
治秦王曰毛羽未成不可以高蜚文理未明不
可以幷兼方誅商鞅疾辯士弗用乃東之趙趙
肅侯令其弟成爲相號奉陽君奉陽君弗說之

去游燕歲餘而後得見說燕文侯曰燕東有朝鮮遼東北有林胡樓煩西有雲中九原南有嘑沱易水地方二千餘里帶甲數十萬車六百乘騎六千匹粟支數年南有碣石鴈門之饒北有棗粟之利民雖不佃作而足於棗粟矣此所謂天府者也夫安樂無事不見覆軍殺將無過燕者大王知其所以然乎夫燕之所以不犯寇被甲兵者以趙之為蔽其南也秦趙五戰秦再勝而趙三勝秦趙相斃而王以全燕制其後此燕之所以不犯寇也且夫秦之攻燕也踰雲中九

原過代上谷彌地數千里雖得燕城秦計固不能守也秦之不能害燕亦明矣今趙之攻燕也發號出令不至十日而數十萬之軍軍於東垣矣渡嘑沱涉易水不至四五日而距國都矣故曰秦之攻燕也戰於千里之外趙之攻燕也戰於百里之內夫不憂百里之患而重千里之外計無過於此者是故願大王與趙從親天下為一則燕國必無患矣文侯曰子言則可然吾國小西迫彊趙南近齊齊趙彊國也子必欲合從以安燕寡人請以國從於是資蘇秦車馬金帛

以至趙而奉陽君已死即因說趙肅侯曰天下
卿相人臣及布衣之士皆高賢君之行義皆願
奉教陳忠於前之日久矣雖然奉陽君妬君而
不任事是以賓客游士莫敢自盡於前者今奉
陽君捐館舍君乃今復與士民相親也臣故敢
進其愚慮竊為君計者莫若安民無事且無庸
有事於民也安民之本在於擇交擇交而得則
民安擇交而不得則民終身不安請言外患齊
秦為兩敵而民不得安倚秦攻齊而民不得安
倚齊攻秦而民不得安故夫謀人之主伐人之

國常苦出辭斷絕人之交也願君愼勿出於口請別白黑所以異陰陽而已矣君誠能聽臣燕必致旃裘狗馬之地齊必致魚鹽之海楚必致橘柚之園韓魏中山皆可使致湯沐之奉而貴戚父兄皆可以受封侯夫割地包利五伯之所以覆軍禽將而求也封侯貴戚湯武之所以放弑而爭也今君高拱而兩有之此臣之所以爲君願也今大王與秦則秦必弱韓魏與齊則齊必弱楚魏魏弱則割河外韓弱則効宜陽宜陽効則上郡絕河外割則道不通楚弱則無援此

三策者不可不孰計也夫秦下軹道則南陽危
劫韓包周則趙氏自操兵據衛取淇卷則齊必
入朝秦秦欲已得乎山東則必舉兵而嚮趙矣
秦甲渡河踰漳據番吾則兵必戰於邯鄲之下
矣此臣之所為君患也當今之時山東之建國
莫彊於趙趙地方二千餘里帶甲數十萬車千
乘騎萬匹粟支數年西有常山南有河漳東有
清河北有燕國燕固弱國不足畏也秦之所害
於天下者莫如趙然而秦不敢舉兵伐趙者何
也畏韓魏之議其後也然則韓魏趙之南蔽也

秦之攻韓魏也無有名山大川之限稍蠶食之傳國都而止韓魏不能支秦必入臣於秦秦無韓魏之規則禍必中於趙矣此臣之所爲君患也臣聞堯無三夫之分舜無咫尺之地以有天下禹無百人之聚以王諸侯湯武之士不過三千車不過三百乘卒不過三萬立爲天子誠得其道也是故明主外料其敵之彊弱內度其士卒賢不肖不待兩軍相當而勝敗存亡之機固已形於胷中矣豈揜於衆人之言而以冥冥決事哉臣竊以天下之地圖案之諸侯之地五倍

愒音喝

於秦料度諸侯之卒十倍於秦六國為一并力西鄉而攻秦秦必破矣今西面而事之見臣於秦夫破人之與見破於人也臣人之與見臣於人也豈可同日而論哉夫衡人者皆欲割諸侯之地以予秦秦成則高臺榭美宮室聽竽瑟之音前有樓闕軒轅後有長姣美人國被秦患而不與其憂是故夫衡人日夜務以秦權恐愒諸侯以求割地故願大王孰計之也臣聞明主絕疑去讒屏流言之迹塞朋黨之門故尊主廣地彊兵之計臣得陳忠於前矣故竊為大王計莫

如一韓魏齊楚燕趙以從親以畔秦令天下之將相會於洹水之上通質刳白馬而盟要約曰秦攻楚齊魏各出銳師以佐之韓絶其糧道趙涉河漳燕守常山之北秦攻韓魏則楚絶其後齊出銳師而佐之趙涉河漳燕守雲中秦攻齊則楚絶其後韓守成皐魏塞其道趙涉河博關燕出銳師以佐之秦攻燕則趙守常山楚軍武關齊涉勃海韓魏皆出銳師以佐之秦攻趙則韓軍宜陽楚軍武關魏軍河外齊涉清河燕出銳師以佐之諸侯有不如約者以五國之兵共

伐之六國從親以賓秦則秦甲必不敢出於函谷以害山東矣如此則霸王之業成矣趙王曰寡人年少立國日淺未嘗得聞社稷之長計也今上客有意存天下安諸侯寡人敬以國從乃飾車百乘黃金千鎰白璧百雙錦繡千純以約諸侯是時周天子致文武之胙於秦惠王惠王使犀首攻魏禽將龍賈取魏之雕陰且欲東兵蘇秦恐秦兵之至趙也乃激怒張儀入之于秦於是說韓宣惠王曰韓北有鞏洛成皋之固西有宜陽商阪之塞東有宛穰洧水南有陘山地

吷音伐

方九百餘里帶甲數十萬天下之彊弓勁弩皆從韓出谿子少府時力距來者皆射六百步之外韓卒超足而射百發不暇止遠者括蔽洞胷近者鏑弇心韓卒之劍戟皆出於冥山棠谿墨陽合賻鄧師宛馮龍淵太阿皆陸斷牛馬水截鵠鴈當敵則斬堅甲鐵幕革抉吷芮無不畢具以韓卒之勇被堅甲蹠勁弩帶利劍一人當百不足言也夫以韓之勁與大王之賢乃西面事秦交臂而服羞社稷而爲天下笑無大於此者矣是故願大王熟計之大王事秦秦必求宜陽

成皐今茲效之明年又復求割地與則無地以給之不與則棄前功而受後禍且大王之地有盡而秦之求無已以有盡之地而逆無已之求此所謂市怨結禍者也不戰而地已削矣臣聞鄙諺曰寧爲鷄口無爲牛後今西面交臂而臣事秦何異於牛後乎夫以大王之賢挾彊韓之兵而有牛後之名臣竊爲大王羞之於是韓王勃然作色攘臂瞋目按劍仰天太息曰寡人雖不肖必不能事秦今主君詔以趙王之教敬奉社稷以從又說魏襄王曰大王之地南有鴻溝

陳汝南許郾昆陽召陵舞陽新都新郪東有淮潁煑棗無胥西有長城之界北有河外卷衍酸棗地方千里地名雖小然而田舍廬廡之數曾無所芻牧人民之衆車馬之多日夜行不絶輷輷殷殷若有三軍之衆臣竊量大王之國不下楚然衡人怵王交彊虎狼之秦以侵天下卒有秦患不顧其禍夫挾彊秦之勢以内刼其主罪無過此者魏天下之彊國也王天下之賢王也今乃有意西面而事秦稱東藩築帝宮受冠帶祠春秋臣竊爲大王恥之臣聞越王勾踐戰敝

卒三千人禽夫差於干遂武王卒三千人革車三百乘制紂於牧野豈其士卒衆哉誠能奮其威也今竊聞大王之國武士二十萬蒼頭二十萬奮擊二十萬廝徒十萬車六百乘騎五千匹此其過越王勾踐武王遠矣今乃聽於羣臣之說而欲臣事秦夫事秦必割地以效實故兵未用而國已虧矣凡羣臣之言事秦者皆姦人非忠臣也夫爲人臣割其主之地以求外交偷取一時之功而不顧其後破公家而成私門外挾彊秦之勢以內劫其主以求割地願大王孰察

之周書曰綿綿不絶蔓蔓奈何毫氂不伐將用斧柯前慮不定後有大患將奈之何大王誠能聽臣六國從親專心并力壹意則必無彊秦之患故敝邑趙王使臣効愚計奉明約在大王之詔詔之魏王曰寡人不肖未嘗得聞明教今主君以趙王之詔詔之敬以國從因東說齊宣王曰齊南有泰山東有琅邪西有清河北有勃海此所謂四塞之國也齊地方二千餘里帶甲數十萬粟如丘山三軍之良五家之兵進如鋒矢戰如雷霆解如風雨即有軍役未嘗倍泰山絶

清河涉勃海也臨菑之中七萬戶臣竊度之不下戶三男子三七二十一萬不待發於遠縣而臨菑之卒固已二十一萬矣臨菑甚富而實其民無不吹竽鼓瑟彈琴擊筑鬪鷄走狗六博蹹鞠者臨菑之塗車轂擊人肩摩連衽成帷擧袂成幕揮汗成雨家殷人足志高氣揚夫以大王之賢與齊之彊天下莫能當今乃西面而事秦臣竊爲大王羞之且夫韓魏之所以重畏秦者爲與秦接境壤界也兵出而相當不出十日而戰勝存亡之機決矣韓魏戰而勝秦則兵半折

四境不守戰而不勝則國已危亡隨其後是故韓魏之所以重與秦戰而輕爲之臣也今秦之攻齊則不然倍韓魏之地過衛陽晉之道經乎亢父之險車不得方軌騎不得比行百人守險千人不敢過也秦雖欲深入則狼顧恐韓魏之議其後也是故恫疑虛喝驕矜而不敢進則秦之不能害齊亦明矣夫不深料秦之無奈齊何而欲西面而事之是羣臣之計過也今無臣事秦之名而有彊國之實臣是故願大王少留意計之齊王曰寡人不敏僻遠守海窮道東境之

國也未嘗得聞餘教今足下以趙王詔詔之敬以國從乃西南說楚威王曰楚天下之彊國也王天下之賢王也西有黔中巫郡東有夏州海陽南有洞庭蒼梧北有陘塞郇陽地方五千餘里帶甲百萬車千乘騎萬匹粟支十年此霸王之資也夫以楚之彊與王之賢天下莫能當也今乃欲西面而事秦則諸侯莫不西面而朝於章臺之下矣秦之所害莫如楚楚彊則秦弱秦彊則楚弱其勢不兩立故為大王計莫如從親以孤秦大王不從秦必起兩軍一軍出武關一

軍下縣中則鄢郢動矣臣聞治之其未亂也爲之其未有也患至而後憂之則無及已故願大王蚤孰計之大王誠能聽臣臣請令山東之國奉四時之獻以承大王之明詔委社稷奉宗廟練士厲兵在大王之所用之大王誠能用臣之愚計則韓魏齊燕趙衛之妙音美人必充後宮燕代橐駝良馬必實外廐故從合則楚王衡成則秦帝今釋霸王之業而有事人之名臣竊爲大王不取也夫秦虎狼之國也有呑天下之心秦天下之仇讎也衡人皆欲割諸侯之地以事

秦此所謂養仇而奉讎者也夫為人臣割其主
之地以外交彊虎狼之秦以侵天下卒有秦患
不顧其禍夫外挾彊秦之威以内劫其主以求
割地大逆不忠無過此者故從親則諸侯割地
以事楚衡合則楚割地以事秦此兩策者相去
遠矣二者大王何居焉故敝邑趙王使臣効愚
計奉明約在大王詔之楚王曰寡人之國西與
秦接境秦有舉巴蜀并漢中之心秦虎狼之國
不可親也而韓魏迫於秦患不可與深謀與深
謀恐反人以入於秦故謀未發而國已危矣寡

人自料以楚當秦不見勝也內與羣臣謀不足恃也寡人卧不安席食不甘味心搖搖然如縣旌而無所終薄今主君欲一天下收諸侯存危國寡人謹奉社稷以從於是六國從合而幷力焉蘇秦爲從約長幷相六國北報趙王乃行過雒陽車騎輜重諸侯各發使送之甚衆擬於王者周顯王聞之恐懼除道使人郊勞蘇秦之昆弟妻嫂側目不敢仰視俯伏侍取食蘇秦笑謂其嫂曰何前倨而後恭也嫂委蛇蒲服以面掩地而謝曰見季子位高金多也蘇秦喟然歎曰

此一人之身富貴則親戚畏懼之貧賤則輕易之況衆人乎且使我有雒陽負郭田二頃吾豈能佩六國相印乎於是散千金以賜宗族朋友初蘇秦之燕貸百錢爲資及得富貴以百金償之徧報諸所嘗見德者其從者有一人獨未得報乃前自言蘇秦曰我非忘子子之與我至燕再三欲去我易水之上方是時我困故望子深是以後子子今亦得矣蘇秦既約六國從親歸趙趙肅侯封爲武安君乃投從約書於秦秦兵不敢闚函谷關十五年其後秦使犀首欺齊魏

與共伐趙欲敗從約齊魏伐趙趙王讓蘇秦蘇
秦恐請使燕必報齊蘇秦去趙而從約皆解秦
惠王以其女為燕太子婦是歲文侯卒太子立
是為燕易王易王初立齊宣王因燕喪伐燕取
十城易王謂蘇秦曰往日先生至燕而先王資
先生見趙遂約六國從今齊先伐趙次至燕以
先生之故為天下笑先生能為燕得侵地乎蘇
秦大慙曰請為王取之蘇秦見齊王再拜俯而
慶仰而弔齊王曰是何慶弔相隨之速也蘇秦
曰臣聞飢人所以飢而不食烏喙者為其愈充

腹而與餓死同患也今燕雖弱小即秦王之少
壻也大王利其十城而長與彊秦為仇今使弱
燕為鴈行而彊秦敝其後以招天下之精兵是
食烏喙之類也齊王愀然變色曰然則奈何蘇
秦曰臣聞古之善制事者轉禍為福因敗為功
大王誠能聽臣計即歸燕之十城燕無故而得
十城必喜秦王知以已之故而歸燕之十城亦
必喜此所謂棄仇讎而得石交者也夫燕秦俱
事齊則大王號令天下莫敢不聽是王以虛辭
附秦以十城取天下此霸王之業也王曰善於

是乃歸燕之十城人有毁蘇秦者曰左右賣國反覆之臣也將作亂蘇秦恐得罪歸而燕王不復官也蘇秦見燕王曰臣東周之鄙人也無有分寸之功而王親拜之於廟而禮之於廷今臣為王郤齊之兵而攻得十城宜以益親今来而王不官臣者人必有以不信傷臣於王者臣之不信王之福也臣聞忠信者所以自為也進取者所以為人也且臣之說齊王曾非欺之也臣棄老母於東周固去自為而行進取也今有孝如曾參廉如伯夷信如尾生得此三人者以事

大王何若王曰足矣蘇秦曰孝如曾參義不離其親一宿於外王又安能使之步行千里而事弱燕之危主哉廉如伯夷義不為孤竹君之嗣不肯為武王臣不受封侯而餓死首陽山下有廉如此王又安能使之步行千里而行進取於齊哉信如尾生與女子期於梁下女子不來水至不去抱柱而死有信如此王又安能使之步行千里却齊之彊兵哉臣所謂以忠信得罪於上者也燕王曰若不忠信耳豈有以忠信而得罪者乎蘇秦曰不然臣聞客有遠為吏而其妻

私於人者其夫將來其私者憂之妻曰勿憂吾已作藥酒待之矣居三日其夫果至妻使妾舉藥酒進之妾欲言酒之有藥則恐其逐主母也欲勿言乎則恐其殺主父也於是乎詳僵而棄酒主父大怒笞之五十故妾一僵而覆酒上存主父下存主母然而不免於笞惡在乎忠信之無罪也夫臣之過不幸而類是乎燕王曰先生復就故官益厚遇之易王母文侯夫人也與蘇秦私通燕王知之而事之加厚蘇秦恐誅乃說燕王曰臣居燕不能使燕重而在齊則燕必重

燕王曰唯先生之所爲於是蘇秦詳爲得罪於燕而亡走齊齊宣王以爲客卿齊宣王卒湣王即位說湣王厚葬以明孝高宮室大苑囿以明得意欲破敝齊而爲燕燕易王卒燕噲立爲王其後齊大夫多與蘇秦爭寵者而使人刺蘇秦不死殊而走齊王使人求賊不得蘇秦且死乃謂齊王曰臣即死車裂臣以徇於市曰蘇秦爲燕作亂於齊如此則臣之賊必得矣於是如其言而殺蘇秦者果自出齊王因而誅之燕聞之曰甚矣齊之爲蘇生報仇也蘇秦既死其事大

泄齊後聞之乃恨怒燕燕甚恐（蘇代蘇厲事刪）

太史公曰蘇秦兄弟三人皆游說諸侯以顯名其術長於權變而蘇秦被反間以死天下共笑之諱學其術然世言蘇秦多異異時事有類之者皆附之蘇秦夫蘇秦起閭閻連六國從親此其智有過人者吾故列其行事次其時序毋令獨蒙惡聲焉

## 孟嘗君傳（馮驩）

孟嘗君名文姓田氏文之父曰靖郭君田嬰田嬰者齊威王少子而齊宣王庶弟也田嬰自威

王時任職用事與成侯鄒忌及田忌將而救韓伐魏成侯與田忌爭寵成侯賣田忌田忌懼襲齊之邊邑不勝亡走會威王卒宣王立知成侯賣田忌乃復召田忌以為將宣王二年田忌與孫臏田嬰俱伐魏敗之馬陵虜魏太子申而殺魏將龐涓宣王七年田嬰使於韓魏韓魏服於齊嬰與韓昭侯魏惠王會齊宣王東阿南盟而去明年復與梁惠王會甄是歲梁惠王卒宣王九年田嬰相齊齊宣王與魏襄王會徐州而相王也楚威王聞之怒田嬰明年楚伐敗齊師於

徐州而使人逐田嬰田嬰使張丑說楚威王威王乃止田嬰相齊十一年宣王卒湣王即位即位三年而封田嬰於薛初田嬰有子四十餘人其賤妾有子名文文以五月五日生嬰告其母曰勿舉也其母竊舉生之及長其母因兄弟而見其子文於田嬰田嬰怒其母曰吾令若去此子而敢生之何也文頓首因曰君所以不舉五月子者何故嬰曰五月子者長與户齊將不利其父母文曰人生受命於天乎將受命於户邪嬰默然文曰必受命於天君何憂焉必受命於

裋音豎

戶則高其戶耳誰能至者嬰曰子休矣久之文
承間問其父嬰曰子之子爲何曰爲孫孫之孫
爲何曰爲玄孫玄孫之孫爲何曰不能知也文
曰君用事相齊至今三王矣齊不加廣而君私
家富累萬金門下不見一賢者文聞將門必有
將相門必有相今君後宮蹈綺縠而士不得裋
褐僕妾餘粱肉而士不厭糟糠今君又尚厚積
餘藏欲以遺所不知何人而忘公家之事日損
文竊怪之於是嬰乃禮文使主家待賓客賓客
日進名聲聞於諸侯諸侯皆使人請薛公田嬰

以文爲太子嬰許之嬰卒謚爲靖郭君而文果代立於薛是爲孟嘗君孟嘗君在薛招致諸侯賓客及亡人有罪者皆歸孟嘗君孟嘗君舍業厚遇之以故傾天下之士食客數千人無貴賤一與文等孟嘗君待客坐語而屛風後常有侍史主記君所與客語問親戚居處客去孟嘗君已使使存問獻遺其親戚孟嘗君曾待客夜食有一人蔽火光客怒以飯不等輟食辭去孟嘗君起自持其飯比之客慙自剄士以此多歸孟嘗君孟嘗君客無所擇皆善遇之人人各自以

為孟嘗君親已秦昭王聞其賢乃先使涇陽君為質於齊以求見孟嘗君孟嘗君將入秦賓客莫欲其行諫不聽蘇代謂曰今旦代從外來見木偶人與土偶人相與語木偶人曰天雨子將敗矣土偶人曰我生於土敗則歸土今天雨流子而行未知所止息也今秦虎狼之國也而君欲往如有不得還君得無為土偶人所笑乎孟嘗君乃止齊湣王二十五年復卒使孟嘗君入秦昭王即以孟嘗君為秦相人或說秦昭王曰孟嘗君賢而又齊族也今相秦必先齊而後秦

秦其危矣於是秦昭王乃止囚孟嘗君謀欲殺之孟嘗君使人抵昭王幸姬求解幸姬曰妾願得君狐白裘此時孟嘗君有一狐白裘直千金天下無雙入秦獻之昭王更無他裘孟嘗君患之徧問客莫能對最下坐有能為狗盜者曰臣能得狐白裘乃夜為狗以入秦宮藏中取所獻狐白裘至以獻秦王幸姬幸姬為言昭王昭王釋孟嘗君孟嘗君得出即馳去更封傳變名姓以出關夜半至函谷關秦昭王後悔出孟嘗君求之已去即使人馳傳逐之孟嘗君至關關法

鷄鳴而出客孟嘗君恐追至客之居下坐者有能為鷄鳴而鷄盡鳴遂發傳出出如食頃秦追果至關已後孟嘗君出乃還始孟嘗君列此二人於賔客賔客盡羞之及孟嘗君有秦難卒此二人拔之自是之後客皆服孟嘗君過趙趙平原君客之趙人聞孟嘗君賢出觀之皆笑曰始以薛公為魁然也今視之乃眇小丈夫耳孟嘗君聞之怒客與俱者下斫擊殺數百人遂滅一縣以去齊湣王不自得以其遣孟嘗君孟嘗君至則以為齊相任政孟嘗君怨秦將以齊為韓

魏攻楚因與韓魏攻秦而借兵食於西周蘇代為西周謂曰君以齊為韓魏攻楚九年取宛葉以北以彊韓魏今復攻秦以益之韓魏南無楚憂西無秦患則齊危矣韓魏必輕齊畏秦臣為君危之君不如令敝邑深合於秦而君無攻又無借兵食君臨函谷而無攻令敝邑以君之情謂秦昭王曰薛公必不破秦以彊韓魏其攻秦也欲王之令楚王割東國以與齊而秦出楚懷王以為和君令敝邑以此惠秦秦得無破而以東國自免也秦必欲之楚王得出必德齊齊得

東國益彊而薛世世無患矣秦不大弱而處三
晉之西三晉必重齊薛公曰善因令韓魏賀秦
使三國無攻而不借兵食於西周矣是時楚懷
王入秦秦留之故欲必出之秦不果出楚懷王
孟嘗君相齊其舍人魏子為孟嘗君收邑入三
反而不致一入孟嘗君問之對曰有賢者竊假
與之以故不致入孟嘗君怒而退魏子居數年
人或毀孟嘗君於齊湣王曰孟嘗君將為亂及
田甲劫湣王湣王意疑孟嘗君孟嘗君乃奔魏
子所與粟賢者聞之乃上書言孟嘗君不作亂

請以身為盟遂自剄宮門以明孟嘗君湣王乃驚而蹤跡驗問孟嘗君果無反謀乃復召孟嘗君孟嘗君因謝病歸老於薛湣王許之其後秦亡將呂禮相齊欲困蘇代代乃謂孟嘗君曰周最於齊至厚也而齊王逐之而聽親弗相呂禮者欲取秦也齊秦合則親弗與呂禮重矣有用齊秦必輕君君不如急北兵趨趙以和秦魏收周最以厚行且反齊王之信又禁天下之變齊無秦則天下集齊親弗必走則齊王孰與為其國也於是孟嘗君從其計而呂禮嫉害於孟嘗

君孟嘗君懼乃遺秦相穰侯魏冉書曰吾聞秦欲以呂禮收齊齊天下之彊國也子必輕矣齊秦相取以臨三晉呂禮必并相矣是子通齊以重呂禮也若齊免於天下之兵其讎子必深矣子不如勸秦王伐齊齊破吾請以所得封子齊破秦畏晉之彊秦必重子以取晉晉國弊於齊而畏秦晉必重子以取秦是子破齊以為功挾晉以為重是子破齊定封秦晉交重子若齊不破呂禮復用子必大窮於是穰侯言於秦昭王伐齊而呂禮亡後齊湣王滅宋益驕欲去孟嘗

君孟嘗君恐乃如魏魏昭王以為相西合於秦趙與燕共伐破齊齊湣王亡在莒遂死焉齊襄王立而孟嘗君中立為諸侯無所屬齊襄王新立畏孟嘗君與連和復親薛公文卒謚為孟嘗君諸子爭立而齊魏共滅薛孟嘗絶嗣無後也

初馮驩聞孟嘗君好客躡蹻而見之孟嘗君曰先生遠辱何以教文也馮驩曰聞君好士以貧身歸於君孟嘗君置傳舍十日孟嘗君問傳舍長曰客何所為答曰馮先生甚貧猶有一劍耳又蒯緱彈其劍而歌曰長鋏歸來乎食無魚孟

嘗君遷之幸舍食有魚矣五日又問傳舍長答曰客復彈劒而歌曰長鋏歸来乎出無輿孟嘗君遷之代舍出入乘輿車矣五日孟嘗君復問傳舍長舍長答曰先生又嘗彈劒而歌曰長鋏歸来乎無以為家孟嘗君不悦居朞年馮驩無所言孟嘗君時相齊封萬户於薛其食客三千人邑入不足以奉客使人出錢於薛歲餘不入貸錢者多不能與其息客奉將不給孟嘗君憂之問左右何人可使收債於薛者傳舍長曰代舍客馮公形容狀貌甚辯長者無他伎能宜可

令收債孟嘗君乃進馮驩而請之曰賓客不知文不肖幸臨文者三千餘人邑入不足以奉賓客故出息錢於薛薛歲不入民頗不與其息今客食恐不給願先生責之馮驩曰諾辭行至薛召取孟嘗君錢者皆會得息錢十萬乃多釀酒買肥牛召諸取錢者能與息者皆来不能與息者亦来皆持取錢之券書合之齊為會日殺牛置酒酒酣乃持券如前合之能與息者與為期貧不能與息者取其券而燒之曰孟嘗君所以貸錢者為民之無者以為本業也所以求息者

爲無以奉客也今富給者以要期貧窮者燔券書以捐之諸君彊飲食有君如此豈可負哉坐者皆起再拜孟嘗君聞馮驩燒券書怒而使使召驩驩至孟嘗君曰文食客三千人故貸錢於薛文奉邑少而民尚多不以時與其息客食恐不足故請先生收責之聞先生得錢即以多具牛酒而燒券書何馮驩曰然不多具牛酒即不能畢會無以知其有餘不足有餘者爲要期不足者雖守而責之十年息愈多急即以逃亡自捐之若急終無以償上則爲君好利不愛士民

下則有離上抵負之名非所以厲士民彰君聲也焚無用虛債之券捐不可得之虛計令薛民親君而彰君之善聲也君有何疑焉孟嘗君乃拊手而謝之齊王惑於秦楚之毀以為孟嘗君名高其主而擅齊國之權遂廢孟嘗君諸客見孟嘗君廢皆去馮驩曰借臣車一乘可以入秦者必令君重於國而奉邑益廣可乎孟嘗君乃約車幣而遣之馮驩乃西說秦王曰天下之游士馮試結軔西入秦者無不欲彊秦而弱齊馮軾結軔東入齊者無不欲彊齊而弱秦此雄雌

之國也勢不兩立為雄雄者得天下矣秦王跽
而問之曰何以使秦無為雌而可馮驩曰王亦
知齊之廢孟嘗君乎秦王曰聞之馮驩曰使齊
重於天下者孟嘗君也今齊王以毀廢之其心
怨必背齊背齊入秦則齊國之情人事之誠盡
委之秦齊地可得也豈直為雄也君急使使載
幣陰迎孟嘗君不可失時也如有齊覺悟復用
孟嘗君則雌雄之所在未可知也秦王大悅乃
遣車十乘黃金百鎰以迎孟嘗君馮驩辭以先
行至齊說齊王曰天下之游士馮軾結靷東入

齊者無不欲彊齊而弱秦者憑軾結靷西入秦者無不欲彊秦而弱齊者夫秦齊雄雌之國秦彊則齊弱矣此勢不兩雄今臣竊聞秦遣使車十乘載黃金百鎰以迎孟嘗君孟嘗君不西則已西入相秦則天下歸之秦爲雄而齊爲雌雌則臨菑卽墨危矣王何不先秦使之未到復孟嘗君而益與之邑以謝之孟嘗君必喜而受之秦雖彊國豈可以請人相而迎之哉折秦之謀而絶其霸彊之略齊王曰善乃使人至境候秦使秦使車適入齊境使還馳告之王召孟嘗君

而復其相位而與其故邑之地又益以千户秦之使者聞孟嘗君復相齊還車而去矣自齊王毁廢孟嘗君諸客皆去後召而復之馮驩迎之未到孟嘗君太息歎曰文常好客遇客無所敢失食客三千有餘人先生所知也客見文一日廢皆背文而去莫顧文者今頼先生得復其位客亦有何面目復見文乎如復見文者必唾其面而大辱之馮驩結轡下拜孟嘗君下車接之曰先生為客謝乎馮驩曰非為客謝也為君之言失夫物有必至事有固然君知之乎孟嘗君

曰愚不知所謂也曰生者必有死物之必至也富貴多士貧賤寡友事之固然也君獨不見夫朝趨市者乎明旦側肩爭門而入日暮之後過市朝者掉臂而不顧非好朝而惡暮所期物亡其中今君失位賓客皆去不足以怨士而徒絶賓客之路願君遇客如故孟嘗君再拜曰敬從命矣聞先生之言敢不奉教焉

太史公曰吾嘗過薛其俗閭里率多暴桀子弟與鄒魯殊問其故曰孟嘗君招致天下任俠姦人入薛中蓋六萬餘家矣世之傳孟嘗君好客

自喜名不虛矣

平原君傳

平原君趙勝者趙之諸公子也諸子中勝最賢喜賓客賓客蓋至者數千人平原君相趙惠文王及孝成王三去相三復位封於東武城平原君家樓臨民家民家有躄者槃散行汲平原君美人居樓上臨見大笑之明日躄者至平原君門請曰臣聞君之喜士士不遠千里而至者以君能貴士而賤妾也臣不幸有罷癃之病而君之後宮臨而笑臣臣願得笑臣者頭平原君笑

應曰諾躄者去平原君笑曰觀此豎子乃欲以一笑之故殺吾美人不亦甚乎終不殺居歲餘賓客門下舍人稍稍引去者過半平原君怪之曰勝所以待諸君者未嘗敢失禮而去者何多也門下一人前對曰以君之不殺笑躄者以君為愛色而賤士士即去耳於是平原君乃斬笑躄者美人頭自造門進躄者因謝焉其後門下乃復稍稍來是時齊有孟嘗魏有信陵楚有春申故爭相傾以待士秦之圍邯鄲趙使平原君求救合從於楚約與食客門下有勇力文武備

具者二十人偕平原君曰使文能取勝則善矣文不能取勝則歃血於華屋之下必得定從而還士不外索取於食客門下足矣得十九人餘無可取者無以滿二十人門下有毛遂者前自贊於平原君曰遂聞君將合從於楚約與食客門下二十人偕不外索今少一人願君即以遂備員而行矣平原君曰先生處勝之門下幾年於此矣毛遂曰三年於此矣平原君曰夫賢士之處世也譬若錐之處囊中其末立見今先生處勝之門下三年於此矣左右未有所稱誦勝

未有所聞是先生無所有也先生不能先生留
毛遂曰臣乃今日請處囊中耳使遂蚤得處囊
中乃穎脫而出非特其末見而已平原君竟與
毛遂偕十九人相與目笑之而未發也毛遂比
至楚與十九人論議十九人皆服平原君與楚
合從言其利害日出而言之日中不決十九人
謂毛遂曰先生上毛遂按劒歷階而上謂平原
君曰從之利害兩言而決耳今日出而言從日
中不決何也楚王謂平原君曰客何為者也平
原君曰是勝之舍人也楚王叱曰胡不下吾乃

與而君言汝何為者也毛遂按劒而前曰王之所以叱遂者以楚國之衆也今十步之內王不得恃楚國之衆也王之命縣於遂手吾君在前叱者何也且遂聞湯以七十里之地王天下文王以百里之壤而臣諸侯豈其士卒衆多哉誠能據其勢而奮其威今楚地方五千里持戟百萬此霸王之資也以楚之彊天下弗能當白起小豎子耳率數萬之衆興師以與楚戰一戰而舉鄢郢再戰而燒夷陵三戰而辱王之先人此百世之怨而趙之所羞而王弗知惡焉合從者

爲楚非爲趙也吾君在前叱者何也楚王曰唯
唯誠若先生之言謹奉社稷而以從毛遂曰從
定乎楚王曰定矣毛遂謂楚王之左右曰取鷄
狗馬之血來毛遂奉銅盤而跪進之楚王曰王
當歃血而定從次者吾君次者遂遂定從於殿
上毛遂左手持盤血而右手招十九人曰公相
與歃此血於堂下公等錄錄所謂因人成事者
也平原君已定從而歸歸至於趙曰勝不敢復
相士勝相士多者千人寡者百數自以爲不失
天下之士乃今於毛先生而失之也毛先生一

至楚而使趙重於九鼎大呂毛先生以三寸之舌彊於百萬之師勝不敢復相士遂以為上客平原君既返趙楚使春申君將兵赴救趙魏信陵君亦矯奪晉鄙軍往救趙皆未至秦急圍邯鄲邯鄲急且降平原君甚患之邯鄲傳舍吏子李同說平原君曰君不憂趙亡邪平原君曰趙亡則勝為虜何為不憂乎李同曰邯鄲之民炊骨易子而食可謂急矣而君之後宮以百數婢妾被綺縠餘粱肉而民褐衣不完糟糠不厭民困兵盡或剡木為矛矢而君器物鐘磬自若使

秦破趙君安得有此使趙得全君何患無有今君誠能令夫人以下編於士卒之間分功而作家之所有盡散以饗士士方其危苦之時易德耳於是平原君從之得敢死之士三千人李同遂與三千人赴秦軍秦軍為之却三十里亦會楚魏救至秦兵遂罷邯鄲復存李同戰死封其父為李侯虞卿欲以信陵君之存邯鄲為平原君請封公孫龍聞之夜駕見平原君曰龍聞虞卿欲以信陵君之存邯鄲為君請封有之乎平原君曰然龍曰此甚不可且王舉君而相趙者

非以君之智能為趙國無有也割東武城而封君者非以君為有功也而以國人無勳乃以君為親戚故也君受相印不辭無能割地不言無功者亦自以為親戚故也今信陵君存邯鄲而請封是親戚受城而國人計功也此甚不可且虞卿操其兩權事成操右券以責事不成以虛名德君君必勿聽也平原君遂不聽虞卿平原君以趙孝成王十五年卒子孫代後竟與趙俱亡平原君厚待公孫龍公孫龍善為堅白之辯及鄒衍過趙言至道乃絀公孫龍

太史公曰平原君翩翩濁世之佳公子也然未睹大體鄙語曰利令智昏平原君貪馮亭邪說使趙陷長平兵四十餘萬衆邯鄲幾亡虞卿料事揣情爲趙畫策何其工也及不忍魏齊卒困於大梁庸夫且知其不可況賢人乎然虞卿非窮愁亦不能著書以自見於後世云

史記英選卷之二

# 史記英選卷之三

## 信陵君傳

魏公子無忌者魏昭王少子而魏安釐王異母弟也昭王薨安釐王即位封公子爲信陵君是時范雎亡魏相秦以怨魏齊故秦兵圍大梁破魏華陽下軍走芒卯魏王及公子患之公子爲人仁而下士士無賢不肖皆謙而禮交之不敢以其富貴驕士士以此方數千里爭往歸之致食客三千人當是時諸侯以公子賢多客不敢加兵謀魏十餘年公子與魏王博而北境傳舉

烽言趙寇至且入界魏王釋博欲召大臣謀公子止王曰趙王田獵耳非爲寇也復博如故王恐心不在博居頃復從北方來傳言曰趙王獵耳非爲寇也魏王大驚曰公子何以知之公子曰臣之客有能探得趙王陰事者趙王所爲客輒以報臣臣以此知之是後魏王畏公子之賢能不敢任公子以國政魏有隱士曰侯嬴年七十家貧爲大梁夷門監者公子聞之往請欲厚遺之不肯受曰臣修身潔行數十年終不以監門困故而受公子財公子於是乃置酒大會賓

客坐定公子從車騎虛左自迎夷門侯生侯生
攝弊衣冠直上載公子上坐不讓欲以觀公子
公子執轡愈恭侯生又謂公子曰臣有客在市
屠中願枉車騎過之公子引車入市侯生下見
其客朱亥俾倪故久立與其客語微察公子公
子顏色愈和當是時魏將相宗室賓客滿堂待
公子舉酒市人皆觀公子執轡從騎皆竊罵侯
生侯生視公子色終不變乃謝客就車至家公
子引侯生坐上坐徧贊賓客賓客皆驚酒酣公
子起爲壽侯生前侯生因謂公子曰今日嬴之

為公子亦足矣嬴乃夷門抱關者也而公子親枉車騎自迎嬴於衆人廣坐之中不宜有所過今公子故過之然嬴欲就公子之名故久立公子車騎市中過客以觀公子公子愈恭市人皆以嬴為小人而以公子為長者能下士也於是罷酒侯生遂為上客侯生謂公子曰臣所過屠者朱亥此子賢者世莫能知故隱屠閒耳公子往數請之朱亥故不復謝公子怪之魏安釐王二十年秦昭王已破趙長平軍又進兵圍邯鄲公子姊為趙惠文王弟平原君夫人數遺魏王

及公子書請救於魏魏王使將軍晉鄙將十萬衆救趙秦王使使者告魏王曰吾攻趙旦暮且下而諸侯敢救者已拔趙必移兵先擊之魏王恐使人止晉鄙留軍壁鄴名爲救趙實持兩端以觀望平原君使者冠蓋相屬於魏讓魏公子曰勝所以自附爲婚姻者以公子之高義爲能急人之困今邯鄲旦暮降秦而魏救不至安在公子能急人之困也且公子縱輕勝棄之降秦獨不憐公子姊邪公子患之數請魏王及賓客辯士說王萬端魏王畏秦終不聽公子公子自

度終不能得之於王計不獨生而令趙亡乃請
賓客約車騎百餘乘欲以客往赴秦軍與趙俱
死行過夷門見侯生具告所以欲死秦軍狀辭
决而行侯生曰公子勉之矣老臣不能從公子
行數里心不快曰吾所以待侯生者備矣天下
莫不聞今吾且死而侯生曾無一言半辭送我
我豈有所失哉復引車還問侯生侯生笑曰臣
固知公子之還也曰公子喜士名聞天下今有
難無他端而欲赴秦軍譬若以肉投餒虎何功
之有哉尚安事客然公子遇臣厚公子往而臣

不送以是知公子恨之復返也公子再拜因問侯生乃屏人閒語曰嬴聞晉鄙之兵符常在王卧内而如姬最幸出入王卧内力能竊之嬴聞如姬父為人所殺如姬資之三年自王以下欲求報其父仇莫能得如姬為公子泣公子使客斬其仇頭敬進如姬如姬之欲為公子死無所辭顧未有路耳公子誠一開口請如姬如姬必許諾則得虎符奪晉鄙軍北救趙而西却秦此五霸之伐也公子從其計請如姬如姬果盜晉鄙兵符與公子公子行侯生曰將在外主令有

所不受以便國家公子即合符而晉鄙不授公子兵而復請之事必危矣臣客屠者朱亥可與俱此人力士晉鄙聽大善不聽可使擊之於是公子泣侯生曰公子畏死耶何泣也公子曰晉鄙嚄唶宿將往恐不聽必當殺之是以泣耳豈畏死哉於是公子請朱亥朱亥笑曰臣乃市井鼓刀屠者而公子親數存之所以不報謝者以爲小禮無所用今公子有急此乃臣效命之秋也遂與公子俱公子過謝侯生侯生曰臣宜從老不能請數公子行日以至晉鄙軍之日北鄉

自剄以送公子公子遂行至鄴矯魏王令代晉鄙晉鄙合符疑之舉手視公子曰今吾擁十萬之衆屯於境上國之重任今單車來代之何如哉欲無聽朱亥袖四十斤鐵椎椎殺晉鄙公子遂將晉鄙軍勒兵下令軍中曰父子俱在軍中父歸兄弟俱在軍中兄歸獨子無兄弟歸養得選兵八萬人進兵擊秦軍秦軍解去遂救邯鄲存趙趙王及平原君自迎公子於界平原君負韊矢為公子先引趙王再拜曰自古賢人未有及公子者也當此之時平原君不敢自比於人

公子與侯生決至軍侯生果北鄕自剄魏王怒
公子之盜其兵符矯殺晉鄙公子亦自知也已
却秦存趙使將將其軍歸魏而公子獨與客留
趙趙孝成王德公子之矯奪晉鄙兵而存趙乃
與平原君計以五城封公子公子聞之意驕矜
而有自功之色客有說公子曰物有不可忘或
有不可不忘夫人有德於公子公子不可忘也
公子有德於人願公子忘之也且矯魏王令奪
晉鄙兵以救趙於趙則有功矣於魏則未爲忠
臣也公子乃自驕而功之竊爲公子不取也於

是公子立自責似若無所容者趙王掃除自迎
執主人之禮引公子就西階公子側行辭讓從
東階上自言皐過以負於魏無功於趙趙王侍
酒至暮口不忍獻五城以公子退讓也公子竟
留趙趙王以鄗為公子湯沐邑魏亦復以信陵
奉公子公子留趙公子聞趙有處士毛公藏於
博徒薛公藏於賣漿家公子欲見兩人兩人自
匿不肯見公子公子聞所在乃閒步往從此兩
人游甚歡平原君聞之謂其夫人曰始吾聞夫
人弟公子天下無雙今吾聞之乃妄從博徒賣

漿者游公子妄人耳夫人以告公子公子乃謝夫人去曰始吾聞平原君賢故負魏王而救趙以稱平原君平原君之游徒豪擧耳不求士也無忌自在大梁時常聞此兩人賢至趙恐不得見以無忌從之游尙恐其不我欲也今平原君乃以爲羞其不足從游乃裝爲去夫人具以語平原君平原君乃免冠謝固留公子平原君門下聞之半去平原君歸公子天下士復往歸公子公子傾平原君客公子留趙十年不歸秦聞公子在趙日夜出兵東伐魏魏王患之使使往

請公子公子恐其怒之乃誡門下有敢爲魏王使通者死賓客皆背魏之趙莫敢勸公子歸毛公薛公兩人往見公子曰公子所以重於趙名聞諸侯者徒以有魏也今秦攻魏魏急而公子不恤使秦破大梁而夷先王之宗廟公子當何面目立天下乎語未及卒公子立變色告車趣駕歸救魏魏王見公子相與泣而以上將軍印授公子公子遂將魏安釐王三十年公子使使遍告諸侯諸侯聞公子將各遣將將兵救魏公子率五國之兵破秦軍於河外走蒙驁遂乘勝

逐秦軍至函谷關抑秦兵秦兵不敢出當是時公子威振天下諸侯之客進兵法公子皆名之故世俗稱魏公子兵法秦王患之乃行金萬斤於魏求晉鄙客令毀公子於魏王曰公子亡在外十年矣今為魏將諸侯將皆屬諸侯徒聞魏公子不聞魏王公子亦欲因此時定南面而王諸侯畏公子之威方欲共立之秦數使反間偽賀公子得立為魏王未也魏王日聞其毀不能不信後果使人代公子將公子自知再以毀廢乃謝病不朝與賓客為長夜飲飲醇酒多近婦

女日夜為樂飲者四歲竟病酒而卒其歲魏安釐王亦薨秦聞公子死使蒙驁攻魏拔二十城初置東郡其後秦稍蠶食魏十八歲而虜魏王屠大梁高祖始微少時數聞公子賢及即天子位每過大梁常祠公子高祖十二年從擊黥布還為公子置守冢五家世世歲以四時奉祠公子

太史公曰吾過大梁之墟求問其所謂夷門夷門者城之東門也天下諸公子亦有喜士者矣然信陵君之接巖穴隱者不恥下交有以也名

冠諸侯不虛耳高祖每過之而令民奉祠不絶也

## 范雎傳

范雎者魏人也字叔游說諸侯欲事魏王家貧無以自資乃先事魏中大夫須賈須賈爲魏昭王使於齊范雎從留數月未得報齊襄王聞雎辯口乃使人賜雎金十斤及牛酒雎辭謝不敢受須賈知之大怒以爲雎持魏國陰事告齊故得此饋令雎受其牛酒還其金既歸心怒雎以告魏相魏相魏之諸公子曰魏齊魏齊大怒使

舍人笞擊雎折脅摺齒雎佯死即卷以簀置廁中賓客飲者醉更溺雎故僇辱以懲後令無妄言者雎從簀中謂守者曰公能出我我必厚謝公守者乃請出棄簀中死人魏齊醉曰可矣范雎得出後魏齊悔復召求之魏人鄭安平聞之乃遂操范雎亡伏匿更名姓曰張禄當此時秦昭王使謁者王稽於魏鄭安平詐為卒侍王稽王稽問魏有賢人可與俱西游者乎鄭安平曰臣里中有張禄先生欲見君言天下事其人有仇不敢晝見王稽曰夜與俱來鄭安平夜與張

祿見王稽語未究王稽知范雎賢謂曰先生待
我於三亭之南與私約而去王稽辭魏去過載
范雎入秦至湖關望見車騎從西來范雎曰彼
來者為誰王稽曰秦相穰侯東行縣邑范雎曰
吾聞穰侯專秦權惡內諸侯客此恐辱我我寧
且匿車中有頃穰侯果至勞王稽因立車而語
曰關東有何變曰無有又謂王稽曰謁君得無
與諸侯客子俱來乎無益徒亂人國耳王稽曰
不敢即別去范雎曰吾聞穰侯智士也其見事
遲鄉者疑車中有人忘索之於是范雎下車走

曰此必悔之行十餘里果使騎還索車中無客乃已王稽遂與范雎入咸陽已報使因言曰魏有張祿先生天下辯士也曰秦王之國危於累卵得臣則安然不可以書傳也臣故載來秦王弗信使舍食草具待命歲餘當是時昭王已立三十六年南拔楚之鄢郢楚懷王幽死於秦秦東破齊湣王常稱帝後去之數困三晉厭天下辯士無所信穰侯華陽君昭王母宣太后之弟也而涇陽君高陵君皆昭王同母弟也穰侯相三人者更將有封邑以太后故私家富重於王

室及穰侯為秦將且欲越韓魏而伐齊綱壽欲以廣其陶封范睢乃上書曰臣聞明主立政有功者不得不賞有能者不得不官勞大者其祿厚功多者其爵尊能治衆者其官大故無能者不敢當職焉有能者亦不得蔽隱使以臣之言為可願行而益利其道以臣之言為不可久留臣無為也語曰庸主賞所愛而罰所惡明主則不然賞必加於有功而刑必斷於有罪今臣之胷不足以當椹質而要不足以待斧鉞豈敢以疑事嘗試於王哉雖以臣為賤人而輕辱獨不

重任臣者之無反復於王邪且臣聞周有砥砨宋有結緑梁有縣藜楚有和朴此四寶者土之所生良工之所失也而為天下名器然則聖王之所棄者獨不足以厚國家乎臣聞善厚家者取之於國善厚國者取之於諸侯天下有明主則諸侯不得擅厚者何也為其割榮也良醫知病人之死生而聖主明於成敗之事利則行之害則舍之疑則少嘗之雖舜禹復生弗能改已語之至者臣不敢載之於書其淺者又不足聽也意者臣愚而不概於王心邪亡其言臣者賤

而不可用乎自非然者臣願得少賜游觀之間望見顏色一語無效請伏斧質於是秦昭王大說乃謝王稽使以傳車召范雎於是范雎乃得見於離宮詳為不知永巷而入其中王來而宦者怒逐之曰王至范雎繆為曰秦安得王秦獨有太后穰侯耳欲以感怒昭王昭王至聞其與宦者爭言遂延迎謝曰寡人宜以身受命久矣會義渠之事急寡人旦暮自請太后今義渠之事已寡人乃得受命竊閔然不敏敬執賓主之禮范雎辭讓是日觀范雎之見者羣臣莫不洒

然變色易容者秦王屏左右宮中虛無人秦王跽而請曰先生何以幸教寡人范雎曰唯唯有間秦王復跽而請曰先生何以幸教寡人范雎曰唯唯若是者三秦王跽曰先生卒不幸教寡人邪范雎曰非敢然也臣聞昔者呂尚之遇文王也身爲漁父而釣於渭濱耳若是者交疏也已說而立爲太師載與俱歸者其言深也故文王遂收功於呂尚而卒王天下鄉使文王疏呂尚而不與深言是周無天子之德而文武無與成其王業也今臣羈旅之臣也交疏於王而所

厲同癩



願陳者皆匡君之事處人骨肉之間願効愚忠而未知王之心也此所以王三問而不敢對者也臣非有畏而不敢言也臣知今日言之於前而明日伏誅於後然臣不敢避也大王信行臣之言死不足以為臣患亡不足以為臣憂漆身為厲被髮為狂不足以為臣恥且以五帝之聖焉而死三王之仁焉而死五伯之賢焉而死烏獲任鄙之力焉而死成荊孟賁王慶忌夏育之勇焉而死死者人之所必不免也處必然之勢可以少有補於秦此臣之所大願也臣又何患

哉伍子胥槖載而出昭關夜行晝伏至於陵水無以餬其口膝行蒲伏稽首肉袒鼓腹吹篪乞食於吳市卒興吳國闔閭爲伯使臣得盡謀如伍子胥加之以幽囚終身不復見是臣之說行也臣又何憂箕子接輿漆身爲厲被髮爲狂無益於主假使臣得同行於箕子可以有補所賢之主是臣之大榮也臣有何恥臣之所恐者獨恐臣死之後天下見臣之盡忠而身死因以是杜口裹足莫肯鄉秦耳足下上畏太后之嚴下惑於姦臣之態居深宮之中不離阿保之手終

身迷惑無與昭姦大者宗廟滅覆小者身以孤
危此臣之所恐耳若夫窮辱之事死亡之患臣
不敢畏也臣死而秦治是臣死賢於生秦王跽
曰先生是何言也夫秦國辟遠寡人愚不肖先
生乃幸辱至於此是天以寡人慁先生而存先
王之宗廟也寡人得受命於先生是天所以幸
先王而不棄其孤也先生奈何而言若是事無
小大上及太后下至大臣願先生悉以教寡人
無疑寡人也范雎拜秦王亦拜范雎曰大王之
國四塞以為固北有甘泉谷口南帶涇渭右隴

蜀左關阪奮擊百萬戰車千乘利則出攻不利
則入守此王者之地也民怯於私鬬而勇於公
戰此王者之民也王并此二者而有之夫以秦
卒之勇車騎之衆以治諸侯譬若馳韓盧而搏
蹇兎也霸王之業可致也而羣臣莫當其位至
今閉關十五年不敢窺兵於山東者是穰侯為
秦謀不忠而大王之計有所失也秦王跽曰寡
人願聞失計然左右多竊聽者范雎恐未敢言
內先言外事以觀秦王之俯仰因進曰夫穰侯
越韓魏而攻齊綱壽非計也少出師則不足以

傷齊多出師則害於秦臣意王之計欲少出師而悉韓魏之兵也則不義矣今見與國之不親也越人之國而攻可乎其於計疏矣且昔齊湣王南攻楚破軍殺將再辟地千里而齊尺寸之地無得焉者豈不欲得地哉形勢不能有也諸侯見齊之罷弊君臣之不和也興兵而伐齊大破之士辱兵頓皆咎其王曰誰為此計者乎王曰文子為之大臣作亂文子出走故齊所以大破者以其伐楚而肥韓魏也此所謂借賊兵齎盜糧者也王不如遠交而近攻得寸則王之寸

也得尺亦王之尺也今釋此而遠攻不亦繆乎且昔者中山之國地方五百里趙獨吞之功成名立而利附焉天下莫之能害也今夫韓魏中國之處而天下之樞也王其欲霸必親中國以為天下樞以威楚趙楚彊則附趙趙彊則附楚楚趙皆附齊必懼矣齊懼必卑辭重幣以事秦齊附而韓魏因可虜也昭王曰吾欲親魏久矣而魏多變之國也寡人不能親請問親魏奈何對曰王卑辭重幣以事之不可則割地而賂之不可因舉兵而伐之王曰寡人敬聞命矣乃拜

范雎爲客卿謀兵事卒聽范雎謀使五大夫綰伐魏拔懷後二歲拔邢丘客卿范雎復說昭王曰秦韓之地形相錯如繡秦之有韓也譬如木之有蠹也人之有心腹之病也天下無變則已天下有變其爲秦患者孰大於韓乎王不如收韓昭王曰吾固欲收韓韓不聽爲之奈何對曰韓安得無聽乎王下兵而攻滎陽則鞏成皐之道不通北斷太行之道則上黨之師不下王一興兵而攻滎陽則其國斷而爲三夫韓見必亡安得不聽乎若韓聽而霸事因可慮矣王曰善

政同征

且欲發使於韓范雎日益親復說用數年矣因
請閒說曰臣居山東時聞齊之有田文不聞其
有王也聞秦之有太后穰侯華陽高陵涇陽不
聞其有王也夫擅國之謂王能利害之謂王制
殺生之威之謂王今太后擅行不顧穰侯出使
不報華陽涇陽等擊斷無諱高陵進退不請四
貴備而國不危者未之有也為此四貴者下乃
所謂無王也然則權安得不傾令安得從王出
乎臣聞善治國者乃內固其威而外重其權穰
侯使者操王之重決制於諸侯剖符於天下政

適同敵



適伐國莫敢不聽戰勝攻取則利歸於陶國弊御於諸侯戰敗則結怨於百姓而禍歸於社稷詩曰木實繁者披其枝披其枝者傷其心大其都者危其國尊其臣者卑其主崔杼淖齒管齊射王股擢王筋縣之於廟梁宿昔而死李兌管趙囚主父於沙丘百日而餓死今臣聞秦太后穰侯用事高陵華陽涇陽佐之卒無秦王此亦淖齒李兌之類也且夫三代所以亡國者君專授政縱酒馳騁弋獵不聽政事其所授者妬賢嫉能御下蔽上以成其私不爲主計而主不覺

悟故失其國今自有秩以上至諸大吏下及王左右無非相國之人者見王獨立於朝臣竊為王恐萬世之後有秦國者非王子孫也昭王聞之大懼曰善於是廢太后逐穰侯高陵華陽涇陽君於關外秦王乃拜范雎為相收穰侯之印使歸陶因使縣官給車牛以徙千乘有餘到關關閱其寶器寶器珍怪多於王室秦封范雎以應號為應侯當是時秦昭王四十一年也范雎既相秦秦號曰張祿而魏不知以為范雎已死久矣魏聞秦且東伐韓魏魏使須賈於秦范雎

聞之爲微行敝衣間步之邸見須賈須賈見之而驚曰范叔固無恙乎范雎曰然須賈笑曰范叔有說於秦邪曰不也雎前日得過於魏相故亡逃至此安敢說乎須賈曰今叔何事范雎曰臣爲人庸賃須賈意哀之留與坐飮食曰范叔一寒如此哉乃取其一綈袍以賜之須賈因問曰秦相張君公知之乎吾聞幸於王天下之事皆決於相君今吾事之去留在張君孺子豈有客習於相君者哉范雎曰主人翁習知之唯雎亦得謁雎請爲君見於張君須賈曰吾馬病車

軸折非大車駟馬吾不出范雎曰願為君借大車駟馬於主人翁范雎歸取大車駟馬為須賈御之入秦相府府中望見有識者皆避匿須賈怪之至相舍門謂須賈曰待我我為君先入通於相君須賈待門下持車良久問門下曰范叔不出何也門下曰無范叔須賈曰鄉者與我載而入者門下曰乃吾相張君也須賈大驚自知見賣乃肉袒膝行因門下人謝罪於是范雎盛帷帳侍者甚衆見之須賈頓首言死罪曰賈不意君能自致於青雲之上賈不敢復讀天下之

書不敢復與天下之事賈有湯鑊之罪請自屏於胡貉之地唯君死生之范雎曰汝罪有幾曰擢賈之髮以續賈之罪尚未足范雎曰汝罪有三耳昔者楚昭王時而申包胥為楚卻吳軍楚王封之以荊五千户包胥辭不受為丘墓之寄於荊也今雎之先人丘墓亦在魏公前以雎為有外心於齊而惡雎於魏齊公之罪一也當魏齊辱我於厠中公不止罪二也更醉而溺我公其何忍乎罪三矣然公之所以得無死者以綈袍戀戀有故人之意故釋公乃謝罷入言之昭

王罷歸須賈須賈辭於范睢范睢大供具盡請諸侯使與坐堂上食飲甚設而坐須賈於堂下置莝豆其前令兩黥徒夾而馬食之數曰為我告魏王急持魏齊頭来不然者我且屠大梁須賈歸以告魏齊魏齊恐亡走趙匿平原君所范睢既相王稽謂范睢曰事有不可知者三有不可奈何者亦三宮車一日晏駕是事之不可知者一也君卒然捐館舍是事之不可知者二也使臣卒然填溝壑是事之不可知者三也宮車一日晏駕君雖恨於臣無可奈何君卒然捐館

舍君雖恨於臣亦無可奈何使臣卒然填溝壑
君雖恨於臣亦無可奈何范雎不懌乃入言於
王曰非王稽之忠莫能內臣於函谷關非大王
之賢聖莫能貴臣今臣官至於相爵在列侯王
稽之官尚止於謁者非其內臣之意也昭王召
王稽拜為河東守三歲不上計又任鄭安平昭
王以為將軍范雎於是散家財物盡以報所嘗
困戹者一飯之德必償睚眦之怨必報范雎相
秦二年秦昭王之四十二年東伐韓少曲高平
拔之秦昭王聞魏齊在平原君所欲為范雎必

報其仇乃詳為好書遺平原君曰寡人聞君之高義願與君為布衣之友君幸過寡人寡人願與君為十日之飲平原君畏秦且以為然而入秦見昭王昭王與平原君飲數日昭王謂平原君曰昔周文王得呂尚以為太公齊桓公得管夷吾以為仲父今范君亦寡人之叔父也范君之仇在君之家願使人歸取其頭來不然吾不出君於關平原君曰貴而為友者為賤也富而為交者為貧也夫魏齊者勝之友也在固不出也今又不在臣所昭王乃遺趙王書曰王之弟

在秦范君之仇魏齊在平原君之家王使人疾持其頭來不然吾舉兵而伐趙又不出王之弟於關趙孝成王乃發卒圍平原君家急魏齊夜亡出見趙相虞卿虞卿度趙王終不可說乃解其相印與魏齊亡間行念諸侯莫可以急抵者乃復走大梁欲因信陵君以走楚信陵君聞之畏秦猶豫未肯見曰虞卿何如人也時侯嬴在旁曰人固未易知知人亦未易也夫虞卿躡屩擔簦一見趙王賜白璧一雙黃金百鎰再見拜為上卿三見卒受相印封萬戶侯當此之時天

下爭知之夫魏齊窮困過趙虞卿虞卿不敢重爵
祿之尊解相印捐萬戶侯而間行急士之窮而
歸公子公子曰何如人人固不易知知人亦未
易也信陵君大慙駕如野迎之魏齊聞信陵君
之初難見之怒而自剄趙王聞之卒取其頭予
秦秦昭王乃出平原君歸趙昭王四十三年秦
攻韓汾陘拔之因城河上廣武後五年昭王用
應侯謀縱反間賣趙趙以其故令馬服子代廉
頗將秦大破趙於長平遂圍邯鄲已而與武安
君白起有隙言而殺之任鄭安平使將擊趙鄭

安平爲趙所圍急以兵二萬人降趙應侯席藁請罪秦之法任人而所任不善者各以其罪罪之於是應侯罪當收三族秦昭王恐傷應侯之意乃下令國中有敢言鄭安平事者以其罪罪之而加賜相國應侯食物日益厚以順適其意後二歲王稽爲河東守與諸侯通坐法誅而應侯日益以不懌昭王臨朝歎息應侯進曰臣聞主憂臣辱主辱臣死今大王中朝而憂臣敢請其罪昭王曰吾聞楚之鐵劒利而倡優拙夫鐵劒利則士勇倡優拙則思慮遠夫以遠思慮而

御勇士吾恐楚之圖秦也夫物不素具不可以應卒今武安君既死而鄭安平等畔內無良將而外多敵國吾是以憂欲以激勵應侯應侯懼不知所出蔡澤聞之往入秦也

太史公曰韓子稱長袖善舞多錢善賈信哉是言也范雎蔡澤世所謂一切辯士然游說諸侯至白首無所遇者非計策之拙所為說力少也及二人羈旅入秦繼踵取卿相垂功於天下者固彊弱之勢異也然士亦有偶合賢者多如此二子不得盡意豈可勝道哉然二子不困戹惡

能激乎

凡同傳而不並選者論贊則不刪下倣此

## 樂毅傳

樂毅者其先祖曰樂羊樂羊爲魏文侯將伐取中山魏文侯封樂羊以靈壽樂羊死葬於靈壽其後子孫因家焉中山復國至趙武靈王時復滅中山而樂氏後有樂毅樂毅賢好兵趙人舉之及武靈王有沙丘之亂乃去趙適魏聞燕昭王以子之之亂而齊大敗燕燕昭王怨齊未嘗一日而忘報齊也燕國小辟遠力不能制於是屈身下士先禮郭隗以招賢者樂毅於是爲魏

昭王使於燕燕王以客禮待之樂毅辭讓遂委質為臣燕昭王以為亞卿久之當是時齊湣王彊南敗楚相唐眛於重丘西摧三晉於觀津遂與三晉擊秦助趙滅中山破宋廣地千餘里與秦昭王爭重為帝已而復歸之諸侯皆欲背秦而服於齊湣王自矜百姓弗堪於是燕昭王問伐齊之事樂毅對曰齊霸國之餘業也地大人衆未易獨攻也王必欲伐之莫如與趙及楚魏於是使樂毅約趙惠文王別使連楚魏令趙嚪秦以伐齊之利諸侯害齊湣王之驕暴皆爭合

從與燕伐齊樂毅還報燕昭王悉起兵使樂毅為上將軍趙惠文王以相國印授樂毅樂毅於是并護趙楚韓魏燕之兵以伐齊破之濟西諸侯兵罷歸而燕軍樂毅獨追至于臨菑齊湣王之敗濟西亡走保於莒樂毅獨留徇齊齊皆城守樂毅攻入臨菑盡取齊寶財物祭器輸之燕燕昭王大說親至濟上勞軍行賞饗士封樂毅於昌國號為昌國君於是燕昭王收齊鹵獲以歸而使樂毅復以兵平齊城之不下者樂毅留徇齊五歲下齊七十餘城皆為郡縣以屬燕唯

獨莒即墨未服會燕昭王死子立為燕惠王惠王自為太子時嘗不快於樂毅及即位齊之田單聞之乃縱反間於燕曰齊城不下者兩城耳然所以不早拔者聞樂毅與燕新王有隙欲連兵且留齊南面而王齊齊之所患唯恐他將之來於是燕惠王固已疑樂毅得齊反間乃使騎劫代將而召樂毅樂毅知燕惠王之不善代之畏誅遂西降趙趙封樂毅於觀津號曰望諸君尊寵樂毅以警動於燕齊齊田單後與騎劫戰果設詐誑燕軍遂破騎劫於即墨下而轉戰逐

燕北至河上盡復得齊城而迎襄王於莒入于臨菑燕惠王後悔使騎劫代樂毅以故破軍亡將失齊又怨樂毅之降趙恐趙用樂毅而乘燕之弊以伐燕燕惠王乃使人讓樂毅且謝之曰先王舉國而委將軍將軍爲燕破齊報先王之讎天下莫不震動寡人豈敢一日而忘將軍之功哉會先王棄羣臣寡人新即位左右誤寡人寡人之使騎劫代將軍爲將軍久暴露於外故召將軍且休計事將軍過聽以與寡人有隙遂捐燕歸趙將軍自爲計則可矣而亦何以報先

王之所以遇將軍之意乎樂毅報遺燕惠王書曰臣不佞不能奉承王命以順左右之心恐傷先王之明有害足下之義故遁逃走趙今足下使人數之以罪臣恐侍御者不察先王之所以畜幸臣之理又不白臣之所以事先王之心故敢以書對臣聞賢聖之君不以祿私親其功多者賞之其能當者處之故察能而授官者成功之君也論行而結交者立名之士也臣竊觀先王之舉也見有高世主之心故假節於魏以身得察於燕先王過舉廁之賓客之中立之群臣

之上不謀父兄以為亞卿臣竊不自知自以為奉令承教可幸無罪故受令而不辭先王命之曰我有積怨深怒於齊不量輕弱而欲以齊為事臣曰夫齊霸國之餘業而最勝之遺事也練於兵甲習於戰攻王若欲伐之必與天下圖之與天下圖之莫若結於趙且又淮北宋地楚魏之所欲也趙若許而約四國攻之齊可大破也先王以為然具符節南使臣於趙顧反命起兵擊齊以天之道先王之靈河北之地隨先王而舉之濟上濟上之軍受命擊齊大敗齊人輕卒

磿音歷

銳兵長驅至國齊王遁而走莒僅以身免珠玉財寶車甲珍器盡收入于燕齊器設於寧臺大呂陳於元英故鼎反乎磿室薊丘之植植於汶篁自五伯已來功未有及先王者也先王以為慊於志故裂地而封之使得比小國諸侯臣竊不自知自以為奉命承教可幸無罪是以受命不辭臣聞賢聖之君功立而不廢故著於春秋蚤知之士名成而不毀故稱於後世若先王之報怨雪恥夷萬乘之彊國收八百歲之蓄積及至棄羣臣之日餘教未衰執政任事之臣修法

令慎庶孽施及孚萌隸皆可以教後世臣聞之善作者不必善成善始者不必善終昔伍子胥説聽於闔閭而吳王遠迹至郢夫差弗是也賜之鴟夷而浮之江吳王不寤先論之可以立功故沈子胥而不悔子胥不蚤見主之不同量是以至於入江而不化夫免身立功以明先王之迹臣之上計也離毀辱之誹謗墮先王之名臣之所大恐也臨不測之罪以幸爲利義之所不敢出也臣聞古之君子交絶不出惡聲忠臣去國不潔其名臣雖不佞數奉教於君子矣恐侍

御者之親左右之說不察疏遠之行故敢獻書以聞唯君王之留意焉於是燕王復以樂毅子樂閒爲昌國君而樂毅往來復通燕燕趙以爲客卿樂毅卒於趙樂閒居燕三十餘年燕王喜用其相栗腹之計欲攻趙而問昌國君樂閒樂閒曰趙四戰之國也其民習兵伐之不可燕王不聽遂伐趙趙使廉頗擊之大破栗腹之軍於鄗禽栗腹樂乘樂乘者樂閒之宗也於是樂閒奔趙趙遂圍燕燕重割地以與趙和趙乃解而去燕王恨不用樂閒樂閒既在趙乃遺樂閒書

曰紂之時箕子不用犯諫不怠以冀其聽商容不達身祇辱焉以冀其變及民志不入獄囚自出然後二子退隱故紂負桀暴之累二子不失忠聖之名何者其憂患之盡矣今寡人雖愚不若紂之暴也燕民雖亂不若殷民之甚也室有語不相盡以告隣里二者寡人不爲君取也樂閒樂乘怨燕不聽其計二人卒留趙趙封樂乘爲武襄君其明年樂乘廉頗爲趙圍燕燕重禮以和乃解後五歲趙孝成王卒襄王使樂乘代廉頗廉頗攻樂乘樂乘走廉頗亡入魏其後十

六年而秦滅趙其後二十餘年高帝過趙問樂毅有後世乎對曰有樂叔高帝封之樂鄉號曰華城君華城君樂毅之孫也而樂氏之族有樂瑕公樂臣公趙且為秦所滅亡之齊高密樂臣公善修黄帝老子之言顯聞於齊稱賢師

太史公曰始齊之蒯通及主父偃讀樂毅之報燕王書未嘗不廢書而泣也樂臣公學黄帝老子其本師號曰河上丈人不知其所出河上丈人教安期生安期生教毛翕公毛翕公教樂瑕公樂瑕公教樂臣公樂臣公教蓋公蓋公教於

齊高密膠西爲曹相國師

## 屈原傳

屈原者名平楚之同姓也爲楚懷王左徒博聞彊志明於治亂嫺於辭令入則與王圖議國事以出號令出則接遇賓客應對諸侯王甚任之上官大夫與之同列爭寵而心害其能懷王使屈原造爲憲令屈平屬草藁未定上官大夫見而欲奪之屈平不與因讒之曰王使屈平爲令衆莫不知每一令出平伐其功曰以爲非我莫能爲也王怒而疏屈平屈平疾王聽之不聰也

讒諂之蔽明也邪曲之害公也方正之不容也故憂愁幽思而作離騷離騷者猶離憂也夫天者人之始也父母者人之本也人窮則反本故勞苦倦極未嘗不呼天也疾痛慘怛未嘗不呼父母也屈平正道直行竭忠盡智以事其君讒人間之可謂窮矣信而見疑忠而被謗能無怨乎屈平之作離騷蓋自怨生也國風好色而不淫小雅怨誹而不亂若離騷者可謂兼之矣上稱帝嚳下道齊桓中述湯武以刺世事明道德之廣崇治亂之條貫靡不畢見其文約其辭微

其志潔其行廉其稱文小而其指極大舉類邇而見義遠其志潔故其稱物芳其行廉故死而不容自疏濯淖汙泥之中蟬蛻於濁穢以浮游塵埃之外不獲世之滋垢皭然泥而不滓者也推此志也雖與日月爭光可也屈平既絀其後秦欲伐齊齊與楚從親惠王患之乃令張儀詳去秦厚幣委質事楚曰秦甚憎齊齊與楚從親楚誠能絶齊秦願獻商於之地六百里楚懷王貪而信張儀遂絶齊使使如秦受地張儀詐之曰儀與王約六里不聞六百里楚使怒去歸告

懷王懷王怒大興師伐秦秦發兵擊之大破楚
師於丹淅斬首八萬虜楚將屈匄遂取楚之漢
中地懷王乃悉發國中兵以深入擊秦戰於藍
田魏聞之襲楚至鄧楚兵懼自秦歸而齊竟怒
不救楚楚大困明年秦割漢中地與楚以和楚
王曰不願得地願得張儀而甘心焉張儀聞乃
曰以一儀而當漢中地臣請往如楚如楚又因
厚幣用事者臣靳尚而設詭辯於懷王之寵姬
鄭袖懷王竟聽鄭袖復釋去張儀是時屈平既
疏不復在位使於齊顧反諫懷王曰何不殺張

儀懷王悔追張儀不及其後諸侯共擊楚大破之殺其將唐眛時秦昭王與楚婚欲與懷王會懷王欲行屈平曰秦虎狼之國不可信不如無行懷王稚子子蘭勸王行奈何絶秦歡懷王卒行入武關秦伏兵絶其後因留懷王以求割地懷王怒不聽亡走趙趙不內復之秦竟死於秦而歸葬長子頃襄王立以其弟子蘭為令尹楚人既咎子蘭以勸懷王入秦而不反也屈平既嫉之雖放流睠顧楚國繫心懷王不忘欲反冀幸君之一悟俗之一改也其存君興國而欲反

覆之一篇之中三致志焉然終無可奈何故不可以反卒以此見懷王之終不悟也人君無愚智賢不肖莫不欲求忠以自為舉賢以自佐然亡國破家相隨屬而聖君治國累世而不見者其所謂忠者不忠而所謂賢者不賢也懷王以不知忠臣之分故內惑於鄭袖外欺於張儀疏屈平而信上官大夫令尹子蘭兵挫地削亡其六郡身客死於秦為天下笑此不知人之禍也易曰井渫不食為我心惻可以汲王明並受其福王之不明豈足福哉令尹子蘭聞之大怒卒

使上官大夫短屈原於頃襄王頃襄王怒而遷之屈原至於江濱被髮行吟澤畔顏色憔悴形容枯槁漁父見而問之曰子非三閭大夫歟何故而至此屈原曰舉世混濁而我獨清衆人皆醉而我獨醒是以見放漁父曰夫聖人者不凝滯於物而能與世推移舉世混濁何不隨其流而揚其波衆人皆醉何不餔其糟而啜其醨何故懷瑾握瑜而自令見放爲屈原曰吾聞之新沐者必彈冠新浴者必振衣人又誰能以身之察察受物之汶汶者乎寧赴常流而葬乎江魚

腹中耳又安能以皓皓之白而蒙世之温蠖乎

乃作懷沙之賦 賦刪 辭 於是懷石遂自投汨羅以

死屈原既死之後楚有宋玉唐勒景差之徒者

皆好辭而以賦見稱然皆祖屈原之從容辭令

終莫敢直諫其後楚日以削數十年竟爲秦所

滅自屈原沈汨羅後百有餘年漢有賈生爲長

沙王太傅過湘水投書以弔屈原

太史公曰余讀離騷天問招魂哀郢悲其志適

長沙觀屈原所自沈淵未嘗不垂涕想見其爲

人及見賈生弔之又怪屈原以彼其材游諸侯

何國不容而自令若是讀服鳥賦同死生輕去就又爽然自失矣

## 張耳陳餘傳

張耳者大梁人也其少時及魏公子毋忌爲客張耳嘗亡命游外黃外黃富人女甚美嫁庸奴亡其夫去抵父客父客素知張耳乃謂女曰必欲求賢夫從張耳女聽乃卒爲請決嫁之張耳張耳是時脫身游女家厚奉給張耳張耳以故致千里客乃宦魏爲外黃令名由此益賢

陳餘者亦大梁人也好儒術數游趙苦陘富人

公乘氏以其女妻之亦知陳餘非庸人也餘年少父事張耳兩人相與為刎頸交秦之滅大梁也張耳家外黄高祖為布衣時嘗數從張耳游客數月秦滅魏數歲已聞此兩人魏之名士也購求有得張耳千金陳餘五百金張耳陳餘乃變名姓俱之陳為里監門以自食兩人相對里吏嘗有過笞陳餘陳餘欲起張耳躡之使受笞吏去張耳乃引陳餘之桑下而數之曰始吾與公言何如今見小辱而欲死一吏乎陳餘然之秦詔書購求兩人兩人亦反用門者以令里中

陳涉起蘄至入陳兵數萬張耳陳餘上謁陳涉涉及左右生平數聞張耳陳餘賢未嘗見見卽大喜陳中豪傑父老乃說陳涉曰將軍身被堅執銳率士卒以誅暴秦復立楚社稷存亡繼絶功德宜為王且夫監臨天下諸將不為王不可願將軍立為楚王也陳涉問此兩人兩人對曰夫秦為無道破人國家滅人社稷絶人後世罷百姓之力盡百姓之財將軍瞋目張膽出萬死不顧一生之計為天下除殘也今始至陳而王之示天下私願將軍毋王急引兵而西遣人立

六國後自為樹黨為秦益敵也敵多則力分與衆則兵彊如此野無交兵縣無守城誅暴秦據咸陽以令諸侯諸侯亡而得立以德服之如此則帝業成矣今獨王陳恐天下解也陳涉不聽遂立為王陳餘乃復說陳王曰大王舉梁楚而西務在入關未及收河北也臣嘗游趙知其豪桀及地形願請奇兵北略趙地於是陳王以故所善陳人武臣為將軍邵騷為護軍以張耳陳餘為左右校尉予卒三千人北略趙地武臣等從白馬渡河至諸縣說其豪桀曰秦為亂政虐

刑以殘賊天下數十年矣北有長城之役南有五嶺之戍外内騷動百姓罷敝頭會箕歛以供軍費財匱力盡民不聊生重之以苛法峻刑使天下父子不相安陳王奮臂為天下倡始王楚之地方二千里莫不響應家自為怒人自為鬬各報其怨而攻其讎縣殺其令丞郡殺其守尉今已張大楚王陳使吳廣周文將卒百萬西擊秦於此時而不成封侯之業者非人豪也諸君試相與計之夫天下同心而苦秦久矣因天下之力而攻無道之君報父兄之怨而成割地有

士之業此士之一時也豪傑皆然其言乃行收兵得數萬人號武臣爲武信君下趙十城餘皆城守莫肯下乃引兵東北擊范陽范陽人蒯通說范陽令曰竊聞公之將死故弔雖然賀公得通而生范陽令曰何以弔之對曰秦法重足下爲范陽令十年矣殺人之父孤人之子斷人之足黥人之首不可勝數然而慈父孝子莫敢傳刃公之腹中者畏秦法耳今天下大亂秦法不施然則慈父孝子且傳刃公之腹中以成其名此臣之所以弔公也今諸侯畔秦矣武信君兵

且至而君堅守范陽少年皆爭殺君下武信君君急遣臣見武信君可轉禍爲福在今矣范陽令乃使蒯通見武信君曰足下必將戰勝然後略地攻得然後下城臣竊以爲過矣誠聽臣之計可不攻而降城不戰而略地傳檄而千里定可乎武信君曰何謂也蒯通曰今范陽令宜整頓其士卒以守戰者也怯而畏死貪而重富貴故欲先天下降畏君以爲秦所置吏誅殺如前十城也然今范陽少年亦方殺其令自以城距君君何不齎臣侯印拜范陽令范陽令則以城

下君少年亦不敢殺其令令范陽令乘朱輪華轂使驅馳燕趙郊燕趙郊見之皆曰此范陽令先下者也即喜矣燕趙城可毋戰而降也此臣之所謂傳檄而千里定者也武信君從其計因使蒯通賜范陽令侯印趙地聞之不戰以城下者三十餘城至邯鄲張耳陳餘聞周章軍入關至戲却又聞諸將為陳王徇地多以讒毁得罪誅怨陳王不用其筴不以為將而以為校尉乃說武臣曰陳王起蘄至陳而王非必立六國後將軍今以三千人下趙數十城獨介居河北不

王無以塡之且陳王聽讒還報恐不脫於禍又不如立其兄弟不即立趙後將軍毋失時時間不容息武臣乃聽之遂立爲趙王以陳餘爲大將軍張耳爲右丞相邵騷爲左丞相使人報陳王陳王大怒欲盡族武臣等家而發兵擊趙陳王相國房君諫曰秦未亡而誅武臣等家此又生一秦也不如因而賀之使急引兵西擊秦陳王然之從其計徙繫武臣等家宮中封張耳子敖爲成都君陳王使使者賀趙令趣發兵西入關張耳陳餘說武臣曰王王趙非楚意特以計

賀王楚已滅秦必加兵於趙願王毋西兵北徇
燕代南收河内以自廣趙南據大河北有燕代
楚雖勝秦必不敢制趙趙王以爲然因不西兵
而使韓廣略燕李良略常山張黶略上黨韓廣
至燕燕人因立廣爲燕王趙王乃與張耳陳餘
北略地燕界趙王閒出爲燕軍所得燕將囚之
欲與分趙地半乃歸王使者往燕輒殺之以求
地張耳陳餘患之有廝養卒謝其舍中曰吾爲
公說燕與趙王載歸舍中皆笑曰使者往十餘
輩輒死若何以能得王乃走燕壁燕將見之問

燕將曰知臣何欲燕將曰若欲得趙王耳曰君
知張耳陳餘何如人也燕將曰賢人也曰知其
志何欲曰欲得其王耳趙養卒乃笑曰君未知
此兩人所欲也夫武臣張耳陳餘杖馬箠下趙
數十城此亦各欲南面而王豈欲爲卿相終已
耶夫臣與主豈可同日而道哉顧其勢初定未
敢參分而王且以少長先立武臣爲王以持趙
心今趙地已服此兩人亦欲分趙而王時未可
耳今君乃囚趙王此兩人名爲求趙王實欲燕
殺之此兩人分趙自立夫以一趙尚易燕況以

兩賢王左提右挈而責殺王之罪滅燕易矣燕將以爲然乃歸趙王養卒爲御而歸李良已定常山還報趙王復使良略太原至石邑秦兵塞井陘未能前秦將詐稱二世使人遺李良書不封曰良嘗事我得顯幸良誠能反趙爲秦赦良罪貴良良得書疑不信乃還之邯鄲益請兵未至道逢趙王姊出飲從百餘騎李良望見以爲王伏謁道旁王姊醉不知其將使騎謝李良李良素貴起慙其從官從官有一人曰天下畔秦能者先立且趙王素出將軍下今女兒乃不爲

將軍下車請追殺之李良已得秦書固欲反趙未决因此怒遣人追殺王姊道中乃遂將其兵襲邯鄲邯鄲不知竟殺武臣邵騷趙人多為張耳陳餘耳目者以故得脫出收其兵得數萬人客有説張耳曰兩君羈旅而欲附趙難獨立立趙後扶以義可就功乃求得趙歇立為趙王居信都李良進兵擊陳餘陳餘敗李良李良走歸章邯章邯引兵至邯鄲皆徙其民河内夷其城郭張耳與趙王歇走入鉅鹿城王離圍之陳餘北收常山兵得數萬人軍鉅鹿北章邯軍鉅鹿

南棘原築甬道屬河餉王離王離兵食多急攻
鉅鹿鉅鹿城中食盡兵少張耳數使人召前陳
餘陳餘自度兵少不敵秦不敢前數月張耳大
怒怨陳餘使張黶陳澤往讓陳餘曰始吾與公
為刎頸交今王與耳旦暮且死而公擁兵數萬
不肯相救安在其相為死苟必信胡不赴秦軍
俱死且有十一二相全陳餘曰吾度前終不能
救趙徒盡亡軍且餘所以不俱死欲為趙王張
君報秦今必俱死如以肉委餓虎何益張黶陳
澤曰事已急要以俱死立信安知後慮陳餘曰

吾死顧以爲無益必如公言乃使五千人令張黶陳澤先嘗秦軍至皆沒當是時燕齊楚聞趙急皆來救張敖亦北收代兵得萬餘人來皆壁餘旁未敢擊秦項羽兵數絶章邯甬道王離軍乏食項羽悉引兵渡河遂破章邯章邯引兵解諸侯軍乃敢擊圍鉅鹿秦軍遂虜王離涉閒自殺卒存鉅鹿者楚力也於是趙王歇張耳乃得出鉅鹿謝諸侯張耳與陳餘相見責讓陳餘以不肯救趙及問張黶陳澤所在陳餘怒曰張黶陳澤以必死責臣臣使將五千人先嘗秦軍皆

沒不出張耳不信以為殺之數問陳餘陳餘怒曰不意君之望臣深也豈以臣為重去將哉乃脫解印綬推予張耳張耳亦愕不受陳餘起如厠客有說張耳曰臣聞天與不取反受其咎今陳將軍與君印君不受反天不祥急取之張耳乃佩其印收其麾下而陳餘還亦望張耳不讓遂趨出張耳遂收其兵陳餘獨與麾下所善數百人之河上澤中漁獵由此陳餘張耳遂有郤趙王歇復居信都張耳從項羽諸侯入關漢元年十二月項羽立諸侯王張耳雅游人多為之

言項羽亦素數聞張耳賢乃分趙立張耳為常山王治信都信都更名襄國陳餘客多說項羽曰陳餘張耳一體有功於趙項羽以陳餘不從入關聞其在南皮即以南皮旁三縣以封之而徙趙王歇王代張耳之國陳餘愈益怒曰張耳與餘功等也今張耳王餘獨侯此項羽不平及齊王田榮畔楚陳餘乃使夏說說田榮曰項羽為天下宰不平盡王諸將善地徙故王王惡地今趙王乃居代願王假臣兵請以南皮為扞蔽田榮欲樹黨於趙以反楚乃遣兵從陳餘陳餘

因悉三縣兵襲常山王張耳張耳敗走念諸侯無可歸者曰漢王與我有舊故而項羽又彊立我我欲之楚甘公曰漢王之入關五星聚東井東井者秦分也先至必霸楚雖彊後必屬漢故耳走漢漢王亦還定三秦方圍章邯廢丘張耳謁漢王漢王厚遇之陳餘已敗張耳皆復收趙地迎趙王於代復為趙王趙王德陳餘立以為代王陳餘為趙王弱國初定不之國留傳趙王而使夏說以相國守代漢二年東擊楚使使告趙欲與俱陳餘曰漢殺張耳乃從於是漢王求

人類張耳者斬之持其頭遺陳餘陳餘乃遣兵助漢漢之敗於彭城西陳餘亦復覺張耳不死即背漢漢三年韓信已定魏地遣張耳與韓信擊破趙井陘斬陳餘泜水上追殺趙王歇襄國漢立張耳為趙王漢五年張耳薨謚為景王子敖嗣立為趙王高祖長女魯元公主為趙王敖后漢七年高祖從平城過趙趙王朝夕袒韝蔽自上食禮甚卑有子壻禮高祖箕倨詈甚慢易之趙相貫高趙午等年六十餘故張耳客也生平為氣乃怒曰吾王孱王也說王曰夫天下豪

桀竝起能者先立今王事高祖甚恭而高祖無禮請爲王殺之張敖齧其指出血曰君何言之誤且先人亡國賴高祖得復國德流子孫秋豪皆高祖力也願君無復出口貫高趙午等十餘人皆相謂曰乃吾等非也吾王長者不倍德且吾等義不辱今怨高祖辱我王故欲殺之何乃汙王爲乎令事成歸王事敗獨身坐耳漢八年上從東垣還過趙貫高等乃壁人柏人要之置上過欲宿心動問曰縣名爲何曰柏人柏人者迫於人也不宿而去漢九年貫高怨家知其謀

乃上變告之於是上皆幷逮捕趙王貫高等十餘人皆争自剄貫高獨怒罵曰誰令公為之今王實無謀而幷捕王公等皆死誰白王不反者乃轞車膠致與王詣長安治張敖之罪上乃詔趙羣臣賓客有敢從王皆族貫高與客孟舒等十餘人皆自髠鉗為王家奴從來貫高至對獄曰獨吾屬為之王實不知吏治榜笞數千刺剟身無可擊者終不復言呂后數言張王以魯元公主故不宜有此上怒曰使張敖據天下豈少而女乎不聽廷尉以貫高事辭聞上曰壯士誰

知者以私問之中大夫泄公曰臣之邑子素知
之此固趙國立名義不侵為然諾者也上使泄
公持節問之箯輿前仰視曰泄公邪泄公勞苦
如生平驩與語問張王果有計謀不高曰人情
寧不各愛其父母妻子乎今吾三族皆以論死
豈以王易吾親哉顧為王實不反獨吾等為之
具道本指所以為者王不知狀於是泄公入具
以報上乃赦趙王上賢貫高為人能立然諾使
泄公具告之曰張王已出因赦貫高貫高喜曰
吾王審出乎泄公曰然泄公曰上多足下故赦

足下貫高曰所以不死一身無餘者白張王不反也今王已出吾責已塞死不恨矣且人臣有篡殺之名何面目復事上哉縱上不殺我我不愧於心乎乃仰絶肮遂死當此之時名聞天下張敖已出以尚魯元故封為宣平侯於是上賢張王諸客以鉗奴從張王入關無不為諸侯相郡守者及孝惠高后文帝孝景時張王客子孫皆得為二千石張敖高后六年薨子偃為魯元王以母呂后女故呂后封為魯元王元王弱兄弟少乃封張敖他姬子二人壽為樂昌侯侈為

信都侯高后崩諸呂無道大臣誅之而廢魯元王及樂昌侯信都侯孝文帝即位復封故魯元王偃為南宮侯續張氏

太史公曰張耳陳餘世傳所稱賢者其賓客廝役莫非天下俊傑所居國無不取卿相者然張耳陳餘始居約時相然信以死豈顧問哉及據國爭權卒相滅亡何鄉者相慕用之誠後相倍之戾也豈非以利哉名譽雖高賓客雖盛所由殆與太伯延陵季子異矣

史記英選卷之三

史記英選卷之四

淮陰侯傳

淮陰侯韓信者淮陰人也始爲布衣時貧無行不得推擇爲吏又不能治生商賈常從人寄食飲人多厭之者常數從其下鄉南昌亭長寄食數月亭長妻患之乃晨炊蓐食食時信往不爲具食信亦知其意怒竟絶去信釣於城下諸母漂有一母見信飢飯信竟漂數十日信喜謂漂母曰吾必有以重報母母怒曰大丈夫不能自食吾哀王孫而進食豈望報乎淮陰屠中少年

有侮信者曰若雖長大好帶刀劒中情怯耳衆辱之曰信能死刺我不能死出我袴下於是信孰視之俛出袴下蒲伏一市人皆笑信以爲怯及項梁渡淮信仗劒從之居戲下無所知名項梁敗又屬項羽羽以爲郎中數以策干項羽羽不用漢王之入蜀信亡楚歸漢未得知名爲連敖坐法當斬其輩十三人皆已斬次至信信乃仰視適見滕公曰上不欲就天下乎何爲斬壯士滕公奇其言壯其貌釋而不斬與語大説之言於上上拜以爲治粟都尉上未之奇也信數

與蕭何語何奇之至南鄭諸將行道亡者數十人信度何等已數言上上不我用卽亡何聞信亡不及以聞自追之人有言上曰丞相何亡上大怒如失左右手居一二日何來謁上上且怒且喜罵何曰若亡何也何曰臣不敢亡也臣追亡者上曰若所追者誰何曰韓信也上復罵曰諸將亡者以十數公無所追追信詐也何曰諸將易得耳至如信者國士無雙王必欲長王漢中無所事信必欲爭天下非信無所與計事者顧王策安所決耳王曰吾亦欲東耳安能鬱鬱

久居此乎何曰王計必欲東能用信信卽留不能用信終亡耳王曰吾為公以為將何曰雖為將信必不留王曰以為大將何曰幸甚於是王欲召信拜之何曰王素慢無禮今拜大將如呼小兒耳此乃信所以去也王必欲拜之擇良日齋戒設壇場具禮乃可耳王許之諸將皆喜人人各自以為得大將至拜大將乃韓信也一軍皆驚信拜禮畢上坐王曰丞相數言將軍將軍何以教寡人計策信謝因問王曰今東鄉爭權天下豈非項王耶漢王曰然曰大王自料勇悍

仁彊孰與項王漢王默然良久曰不如也信再
拜賀曰惟信亦為大王不如也然臣嘗事之請
言項王之為人也項王喑噁叱咤千人皆廢然
不能任屬賢將此特匹夫之勇耳項王見人恭
敬慈愛言語嘔嘔人有疾病涕泣分食飲至使
人有功當封爵者印刓弊忍不能予此所謂婦
人之仁也項王雖霸天下而臣諸侯不居關中
而都彭城有背義帝之約而以親愛王諸侯不
平諸侯之見項王遷逐義帝置江南亦皆歸逐
其主而自王善地項王所過無不殘滅者天下

多怨百姓不親附特劫於威彊耳名雖爲霸實失天下心故曰其彊易弱今大王誠能反其道任天下武勇何所不誅以天下城邑封功臣何所不服以義兵從思東歸之士何所不散且三秦王爲秦將將秦子弟數歲矣所殺亡不可勝計又欺其衆降諸侯至新安項王詐阬秦降卒二十餘萬唯獨邯欣翳得脫秦父兄怨此三人痛入骨髓今楚彊以威王此三人秦民莫愛也大王之入武關秋毫無所害除秦苛法與秦民約法三章耳秦民無不欲得大王王秦者於諸

侯之約大王當王關中關中民咸知之大王失職入漢中秦民無不恨者今大王舉而東三秦可傳檄而定也於是漢王大喜自以為得信晩遂聽信計部署諸將所擊八月漢王舉兵東出陳倉定三秦漢二年出關收魏河南韓殷王皆降合齊趙共擊楚四月至彭城漢兵敗散而還信復收兵與漢王會滎陽復擊破楚京索之間以故楚兵卒不能西漢之敗卻彭城塞王欣翟王翳亡漢降楚齊趙欲反漢與楚和六月魏王豹謁歸視親疾至國即絕河關反漢與楚約和

漢王使酈生說豹不下其八月以信爲左丞相
擊魏魏王盛兵蒲坂塞臨晉信乃益爲疑兵陳
船欲渡臨晉而伏兵從夏陽以木罌缻渡軍襲
安邑魏王豹驚引兵迎信信遂虜豹定魏爲河
東郡漢王遣張耳與信俱引兵東北擊趙代後
九月破代兵禽夏說閼與信之下魏破代漢輒
使人收其精兵詣滎陽以距楚信與張耳以兵
數萬欲東下井陘擊趙趙王成安君陳餘聞漢
且襲之也聚兵井陘口號稱二十萬廣武君李
左車說成安君曰聞漢將韓信涉西河虜魏王

禽夏説新喋血閼與今乃輔以張耳議欲下趙
此乘勝而去國遠鬪其鋒不可當臣聞千里餽
糧士有飢色樵蘇後爨師不宿飽今井陘之道
車不得方軌騎不得成列行數百里其勢糧食
必在其後願足下假臣奇兵三萬人從閒路絶
其輜重足下深溝高壘堅營勿與戰彼前不得
鬪退不得還吾奇兵絶其後使野無所掠不至
十日而兩將之頭可致於戲下願君留意臣之
計否必為二子所禽矣成安君儒者也常稱義
兵不用詐謀奇計曰吾聞兵法十則圍之倍則

萆同蔽



戰之今韓信兵號數萬其實不過數千能千里而襲我亦已罷極今如此避而不擊後有大者何以加之則諸侯謂吾怯而輕來伐我不聽廣武君策廣武君策不用韓信使人間視知其不用還報則大喜乃敢引兵遂下未至井陘口三十里止舍夜半傳發選輕騎二千人人持一赤幟從間道萆山而望趙軍誡曰趙見我走必空壁逐我若疾入趙壁拔趙幟立漢赤幟令其裨將傳飧曰今日破趙會食諸將皆莫信佯應曰諾謂軍吏曰趙已先據便地為壁且彼未見吾

大將旗鼓未肯擊前行恐吾至阻險而還信乃使萬人先行出背水陳趙軍望見而大笑平旦信建大將之旗鼓鼓行出井陘口趙開壁擊之大戰良久於是信張耳詳棄鼓旗走水上軍水上軍開入之復疾戰趙果空壁爭漢鼓旗逐韓信張耳韓信張耳已入水上軍軍皆殊死戰不可敗信所出奇兵二千騎共候趙空壁逐利則馳入趙壁皆拔趙旗立漢赤幟二千趙軍已不勝不能得信等欲還歸壁壁皆漢赤幟而大驚以為漢皆已得趙王將矣兵遂亂遁走趙將雖

斬之不能禁也於是漢兵夾擊大破虜趙軍斬成安君泜水上禽趙王歇信乃令軍中毋殺廣武君有能生得者購千金於是有縛廣武君而致戲下者信乃解其縛東鄉坐西鄉對師事之諸將效首虜休畢賀因問信曰兵法右倍山陵前左水澤今者將軍令臣等反背水陳曰破趙會食臣等不服然竟以勝此何術也信曰此在兵法顧諸君不察耳兵法不曰陷之死地而後生置之亡地而後存且信非得素拊循士大夫也此所謂驅市人而戰之其勢非置之死地使

人人自為戰今予之生地皆走寧尚可得而用之乎諸將皆服曰善非臣所及也於是信問廣武君曰僕欲北攻燕東伐齊何若而有功廣武君辭謝曰臣聞敗軍之將不可以言勇亡國之大夫不可以圖存今臣敗亡之虜何足以權大事乎信曰僕聞之百里奚居虞而虞亡在秦而秦霸非愚於虞而智於秦也用與不用聽與不聽也誠令成安君聽足下計若信者亦已為禽矣以不用足下故信得侍耳因固問曰僕委心歸計願足下勿辭廣武君曰臣聞智者千慮必

有一失愚者千慮必有一得故曰狂夫之言聖人擇焉顧恐臣計未必足用願效愚忠夫成安君有百戰百勝之計一旦而失之軍敗鄗下身死泜上今將軍涉西河虜魏王禽夏說閼與一舉而下井陘不終朝破趙二十萬衆誅成安君名聞海內威震天下農夫莫不輟耕釋耒褕衣甘食傾耳以待命者若此將軍之所長也然而衆勞卒罷其實難用今將軍欲舉倦弊之兵頓之燕堅城之下欲戰恐久力不能拔情見勢屈曠日糧竭而弱燕不服齊必距境以自彊也燕

齊相持而不下則劉項之權未有所分也若此者將軍所短也臣愚竊以為亦過矣故善用兵者不以短擊長而以長擊短韓信曰然則何由廣武君對曰方今為將軍計莫如案甲休兵鎮趙撫其孤百里之內牛酒日至以饗士大夫醳兵北首燕路而後遣辯士奉咫尺之書暴其所長於燕燕必不敢不聽從燕已從使諠言者東告齊齊必從風而服雖有智者亦不知為齊計矣如是則天下事皆可圖也兵固有先聲而後實者此之謂也韓信曰善從其策發使使燕燕

從風而靡乃遣使報漢因請立張耳爲趙王以鎭撫其國漢王許之乃立張耳爲趙王楚數使奇兵渡河擊趙趙王耳韓信往來救趙因行定趙城邑發兵詣漢楚方急圍漢王於滎陽漢王南出之宛葉間得黥布走入成皐楚又復急圍之六月漢王出成皐東渡河獨與滕公俱從張耳軍修武至宿傳舍晨自稱漢使馳入趙壁張耳韓信未起卽其臥內上奪其印符以麾召諸將易置之信耳起乃知漢王來大驚漢王奪兩人軍卽令張耳備守趙地拜韓信爲相國收趙

兵未發者擊齊信引兵東未渡平原聞漢王使
酈食其已說下齊韓信欲止范陽辯士蒯通說
信曰將軍受詔擊齊而漢獨發間使下齊寧有
詔止將軍乎何以得毋行也且酈生一士伏軾
掉三寸之舌下齊七十餘城將軍將數萬衆歲
餘乃下趙五十餘城為將數歲反不如一豎儒
之功乎於是信然之從其計遂渡河齊已聽酈
生即留縱酒罷備漢守禦信因襲齊歷下軍遂
至臨菑齊王田廣以酈生賣己乃烹之而走高
密使使之楚請救韓信已定臨菑遂東追廣至

高密西楚亦使龍且將號稱二十萬救齊齊王廣龍且并軍與信戰未合人或說龍且曰漢兵遠鬭窮戰其鋒不可當齊楚自居其地戰兵易敗散不如深壁令齊王使其信臣招所亡城亡城聞其王在楚來救必反漢漢兵二千里客居齊城皆反之其勢無所得食可無戰而降也龍且曰吾平生知韓信爲人易與耳且夫救齊不戰而降之吾何功今戰而勝之齊之半可得何爲止遂戰與信夾濰水陳韓信乃夜令人爲萬餘囊滿盛沙壅水上流引軍半渡擊龍且佯不

勝還走龍且果喜曰固知信怯也遂追信渡水
信使人決壅囊水大至龍且軍大半不得渡即
急擊殺龍且龍且水東軍散走齊王廣亡去信
遂追北至成陽皆虜楚卒漢四年遂皆降平齊
使人言漢王曰齊僞詐多變反覆之國也南邊
楚不爲假王以鎭之其勢不定願爲假王便當
是時楚方急圍漢王於滎陽韓信使者至發書
漢王大怒罵曰吾困於此旦暮望若來佐我乃
欲自立爲王張良陳平躡漢王足因附耳語曰
漢方不利寧能禁信之王乎不如因而立善遇

之使自為守不然變生漢王亦悟因復罵曰大丈夫定諸侯即為真王耳何以假為乃遣張良往立信為齊王徵其兵擊楚楚已亡龍且項王恐使盱眙人武涉往說齊王信曰天下共苦秦久矣相與勠力擊秦秦已破計功割地分土而王之以休士卒今漢王復興兵而東侵人之分奪人之地已破三秦引兵出關收諸侯之兵以東擊楚其意非盡呑天下者不休其不知厭足如是甚也且漢王不可必身居項王掌握中數矣項王憐而活之然得脫輒倍約復擊項王其

不可親信如此今足下雖自以與漢王為厚交為之盡力用兵終為之所禽矣足下所以得須臾至今者以項王尚存也當今二王之事權在足下足下右投則漢王勝左投則項王勝項王今日亡則次取足下足下與項王有故何不反漢與楚連和三分天下王之今釋此時而自必於漢以擊楚且為智者固若此乎韓信謝曰臣事項王官不過郎中位不過執戟言不聽畫不用故倍楚而歸漢漢王授我上將軍印予我數萬衆解衣衣我推食食我言聽計用故吾得以

至於此夫人深親信我我倍之不祥雖死不易幸爲信謝項王武涉已去齊人蒯通知天下權在韓信欲爲奇策而感動之以相人說韓信曰僕嘗受相人之術韓信曰先生相人何如對曰貴賤在於骨法憂喜在於容色成敗在於決斷以此參之萬不失一韓信曰善先生相寡人何如對曰願少閒信曰左右去矣通曰相君之面不過封侯又危不安相君之背貴乃不可言韓信曰何謂也蒯通曰天下初發難也俊雄豪傑建號壹呼天下之士雲合霧集魚鱗雜遝熛至

風起當此之時憂在亡秦而已今楚漢分争使天下無罪之人肝膽塗地父子暴骸骨於中野不可勝數楚人起彭城轉鬬逐北至於滎陽乘利席卷威震天下然兵困於京索之間迫西山而不能進者三年於此矣漢王將數十萬之衆距鞏雒阻山河之險一日數戰無尺寸之功折北不救敗滎陽傷成皐遂走宛葉之間此所謂智勇俱困者也夫銳氣挫於險塞而糧食竭於內府百姓罷極怨望容容無所倚以臣料之其勢非天下之賢聖固不能息天下之禍當今兩

主之命縣於足下足下爲漢則漢勝與楚則楚勝臣願披腹心輸肝膽効愚計恐足下不能用也誠能聽臣之計莫若兩利而俱存之三分天下鼎足而居其勢莫敢先動夫以足下之賢聖有甲兵之衆據彊齊從燕趙出空虛之地而制其後因民之欲西鄉爲百姓請命則天下風走而響應矣孰敢不聽割大弱彊以立諸侯諸侯已立天下服聽而歸德於齊案齊之故有膠泗之地懷諸侯之德深拱揖讓則天下之君王相率而朝於齊矣蓋聞天與弗取反受其咎時至

不行反受其殃願足下孰慮之韓信曰漢王遇
我甚厚載我以其車衣我以其衣食我以其食
吾聞之乘人之車者載人之患衣人之衣者懷
人之憂食人之食者死人之事吾豈可以鄕利
倍義乎蒯生曰足下自以爲善漢王欲建萬世
之業臣竊以爲誤矣始常山王成安君爲布衣
時相與爲刎頸之交後爭張黶陳澤之事二人
相怨常山王背項王奉項嬰頭而竄逃歸於漢
王漢王借兵而東下殺成安君泜水之南頭足
異處卒爲天下笑此二人相與天下至驩也然

而卒相禽者何也患生於多欲而人心難測也今足下欲行忠信以交於漢王必不能固於二君之相與也而事多大於張黶陳澤故臣以爲足下必漢王之不危已亦誤矣大夫種范蠡存亡越霸勾踐立功成名而身死亡野獸已盡而獵狗烹夫以交友言之則不如張耳之與成安君者也以忠信言之則不過大夫種范蠡之於勾踐也此二人者足以觀矣願足下深慮之且臣聞勇略震主者身危而功蓋天下者不賞臣請言大王功略足下涉西河虜魏王禽夏說引

兵下井陘誅成安君徇趙脅燕定齊南摧楚人之兵二十萬東殺龍且西鄉以報此所謂功無二於天下而略不世出者也今足下戴震主之威挾不賞之功歸楚楚人不信歸漢漢人震恐足下欲持是安歸乎夫勢在人臣之位而有震主之威名高天下竊爲足下危之韓信謝曰先生且休矣吾將念之後數日蒯通復說曰夫聽者事之候也計者事之機也聽過計失而能久安者鮮矣聽不失一二者不可亂以言計不失本末者不可紛以辭夫隨廝養之役者失萬乘

之權守儋石之祿者闕卿相之位故知者決之斷也疑者事之害也審毫氂之小計遺天下之大數智誠知之決弗敢行者百事之禍也故曰猛虎之猶豫不若蜂蠆之致螫騏驥之跼躅不如駑馬之安步孟賁之狐疑不如庸夫之必至也雖有舜禹之智吟而不言不如瘖聾之指麾也此言貴能行之夫功者難成而易敗時者難得而易失也時乎時不再來願足下詳察之韓信猶豫不忍倍漢又自以為功多漢終不奪我齊遂謝蒯通蒯通說不聽已詳狂為巫漢王之

困固陵用張良計召齊王信遂將兵會垓下項羽已破高祖襲奪齊王軍漢五年正月徙齊王信為楚王都下邳信至國召所從食漂母賜千金及下鄉南昌亭長賜百錢曰公小人也為德不卒召辱己之少年令出袴下者以為楚中尉告諸將相曰此壯士也方辱我時我寧不能殺之邪殺之無名故忍而就於此項王亡將鍾離眛家在伊廬素與信善項王死後亡歸信漢王怨眛聞其在楚詔楚捕眛信初之國行縣邑陳兵出入漢六年人有上書告楚王信反高帝以

陳平計天子巡狩會諸侯南方有雲夢發使告
諸侯會陳吾將游雲夢實欲襲信信弗知高祖
且至楚信欲發兵反自度無罪欲謁上恐見禽
人或說信曰斬眛謁上上必喜無患信見眛計
事眛曰漢所以不擊取楚以眛在公所若欲捕
我以自媚於漢吾今日死公亦隨手亡矣乃罵
信曰公非長者卒自剄信持其首謁高祖於陳
上令武士縛信載後車信曰果若人言狡兎死
良狗烹高鳥盡良弓藏敵國破謀臣亡天下已
定我固當烹上曰人告公反遂械繫信至雒陽

赦信罪以為淮陰侯信知漢王畏惡其能常稱病不朝從信由此日怨望居常鞅鞅羞與絳灌等列信常過樊將軍噲噲跪拜送迎言稱臣曰大王乃肯臨臣信出門笑曰生乃與噲等為伍上常從容與信言諸將能不各有差上問曰如我能將幾何信曰陛下不過能將十萬上曰於君何如曰臣多多而益善耳上笑曰多多益善何為為我禽信曰陛下不能將兵而善將將此乃信之所以為陛下禽也且陛下所謂天授非人力也陳豨拜為鉅鹿守辭於淮陰侯淮陰侯

挈其手辟左右與之步於庭仰天歎曰子可與
言乎欲與子有言也豨曰唯將軍令之淮陰侯
曰公所居天下精兵處也而公陛下之信幸臣
也人言公之畔陛下必不信再至陛下乃疑矣
三至必怒而自將吾爲公從中起天下可圖也
陳豨素知其能也信之曰謹奉教漢十一年陳
豨果反上自將而往信病不從陰使人至豨所
曰第舉兵吾從此助公信乃謀與家臣夜詐詔
赦諸官徒奴欲發以襲呂后太子部署已定待
豨報其舍人得罪於信信囚欲殺之舍人弟上

變告信欲反狀於呂后呂后欲召恐其黨不就
乃與蕭相國謀詐令人從上所来言豨已得死
列侯羣臣皆賀相國給信曰雖疾彊入賀信入
呂后使武士縛信斬之長樂鍾室信方斬之曰
吾悔不用蒯通之計乃為兒女子所詐豈非天
哉遂夷信三族高祖已從豨軍来至見信死且
喜且憐之問信死亦何言呂后曰信言恨不用
蒯通計高祖曰是齊辯士也乃詔齊捕蒯通蒯
通至上曰若教淮陰侯反乎對曰然臣固教之
豎子不用臣之策故令自夷於此如彼豎子用

臣之計陛下安得而夷之乎上怒曰烹之通曰嗟乎冤哉烹也上曰若教韓信反何冤對曰秦之綱絶而維弛山東大擾異姓並起英俊烏集秦失其鹿天下共逐之於是高材疾足者先得焉跖之狗吠堯堯非不仁狗固吠非其主當是時臣唯獨知韓信非知陛下也且天下銳精持鋒欲爲陛下所爲者甚衆顧力不能耳又可盡烹之邪高帝曰置之乃釋通之罪

太史公曰吾如淮陰淮陰人爲余言韓信雖爲布衣時其志與衆異其母死貧無以葬然乃行

齱同促

營高敞地令其旁可置萬家余視其母冢良然假令韓信學道謙讓不伐己功不矜其能則庶幾哉於漢家勳可以比周召太公之徒後世血食矣不務出此而天下已集乃謀畔逆夷滅宗族不亦宜乎

## 酈生陸賈傳

酈生食其者陳留高陽人也好讀書家貧落魄無以為衣食業為里監門吏然縣中賢豪不敢役縣中皆謂之狂生及陳勝項梁等起諸將徇地過高陽者數十人酈生問其將皆握齱好苛

禮自用不能聽大度之言酈生乃深自藏匿後
聞沛公將兵略地陳留郊沛公麾下騎士適酈
生里中子也沛公時時問邑中賢士豪俊騎士
歸酈生見謂之曰吾聞沛公慢而易人多大略
此真吾所願從游莫為我先若見沛公謂曰臣
里中有酈生年六十餘長八尺人皆謂之狂生
生自謂我非狂生騎士曰沛公不好儒諸客冠
儒冠來者沛公輒解其冠溲溺其中與人言常
大罵未可以儒生說也酈生曰第言之騎士從
容言如酈生所誡者沛公至高陽傳舍使人召

酈生酈生至入謁沛公方倨牀使兩女子洗足而見酈生酈生入則長揖不拜曰足下欲助秦攻諸侯乎且欲率諸侯破秦也沛公罵曰豎儒夫天下同苦秦久矣故諸侯相率而攻秦何謂助秦攻諸侯乎酈生曰必聚徒合義兵誅無道秦不宜倨見長者於是沛公輟洗起攝衣延酈生上坐謝之酈生因言六國從橫時沛公喜賜酈生食問曰計將安出酈生曰足下起糾合之衆收散亂之兵不滿萬人欲以經入強秦此所謂探虎口者也夫陳留天下之衝四通五達之

郊也今其城又多積粟臣善其令請得使之令下足下即不聽足下舉兵攻之臣爲內應於是遣酈生行沛公引兵隨之遂下陳留號酈食其爲廣野君酈生言其弟酈商使將數千人從沛公西南略地酈生常爲說客馳使諸侯漢三年秋項羽擊漢拔滎陽漢兵遁保鞏洛楚人聞淮陰侯破趙彭越數反梁地則分兵救之淮陰方東擊齊漢王數困滎陽成皐計欲捐成皐以東屯鞏洛以拒楚酈生因曰臣聞知天之天者王事可成不知天之天者王事不可成王者以民

人為天而民人以食為天夫敖倉天下轉輸久
矣臣聞其下迺有藏粟甚多楚人拔滎陽不堅
守敖倉迺引而東令適卒分守成皐此乃天所
以資漢也方今楚易取而漢反却自奪其便臣
竊以為過矣且兩雄不俱立楚漢久相持不決
百姓騷動海內搖蕩農夫釋耒工女下機天下
之心未有所定也願足下急復進兵收取滎陽
據敖倉之粟塞成皐之險杜大行之道距蜚狐
之口守白馬之津以示諸侯效實形制之勢則
天下知所歸矣方今燕趙已定唯齊未下今田

廣據千里之齊田間將二十萬之衆軍於歷城諸田宗彊負海阻河濟南近楚人多變詐足下雖遣數十萬師未可以歲月破也臣請得奉明詔說齊王使爲漢而稱東藩上曰善迺從其畫復守敖倉而使酈生說齊王曰王知天下之所歸乎王曰不知也曰王知天下之所歸則齊國可得而有也若不知天下之所歸即齊國未可得保也齊王曰天下何所歸曰歸漢曰先生何以言之曰漢王與項王戮力西面擊秦約先入咸陽者王之漢王先入咸陽項王負約不與而

王之漢中項王遷殺義帝漢王聞之起蜀漢之兵擊三秦出關而責義帝之處收天下之兵立諸侯之後降城即以侯其將得賂即以分其士與天下同其利豪英賢才皆樂爲之用諸侯之兵四面而至蜀漢之粟方船而下項王有倍約之名殺義帝之負於人之功無所記於人之罪無所忘戰勝而不得其賞拔城而不得其封非項氏莫得用事爲人刻印刓而不能授攻城得賂積而不能賞天下畔之賢才怨之而莫爲之用故天下之士歸於漢王可坐而策也夫漢王

發蜀漢定三秦涉西河之外援上黨之兵下井陘誅成安君破北魏舉三十二城此蚩尤之兵也非人之力也天之福也今已據敖倉之粟塞成皐之險守白馬之津杜大行之阪距蜚狐之口天下後服者先亡矣王疾先下漢王齊國社稷可得而保也不下漢王危亡可立而待也田廣以爲然迺聽酈生罷歷下兵守戰備與酈生日縱酒淮陰侯聞酈生伏軾下齊七十餘城迺夜度兵平原襲齊齊王田廣聞漢兵至以爲酈生賣已迺曰汝能止漢軍我活汝不然我將烹

酈生曰舉大事不細謹盛德不辭讓而公不爲若更言齊王遂亨酈生引兵東走漢十二年曲周侯酈商以丞相將兵擊黥布有功高祖舉列侯功臣思酈食其酈食其子酈疥數將兵功未當侯上以其父故封疥為高梁侯後更食武遂嗣三世元狩元年中武遂侯平坐詐詔衡山王取百斤金當棄市病死國除也

陸賈者楚人也以客從高祖定天下名為有口辯士居左右常使諸侯及高祖時中國初定尉佗平南越因王之高祖使陸賈賜尉佗印為南

越王陸生至尉佗魋結箕倨見陸生陸生因進
說佗曰足下中國人親戚昆弟墳墓在真定今
足下反天性棄冠帶欲以區區之越與天子抗
衡為敵國禍且及身矣且夫秦失其政諸侯豪
傑並起唯漢王先入關據咸陽項羽倍約自立
為西楚霸王諸侯皆屬可謂至彊然漢王起巴
蜀鞭笞天下劫略諸侯遂誅項羽滅之五年之
間海內平定此非人力天之所建也天子聞君
王王南越不助天下誅暴逆將相欲移兵而誅
王天子憐百姓新勞苦故且休之遣臣授君王

印剖符通使君王宜郊迎北面稱臣迺欲以新
造未集之越屈彊於此漢誠聞之掘燒王先人
冢夷滅宗族使一偏將將十萬衆臨越則越殺
王降漢如反覆手耳於是尉佗迺蹶然起坐謝
陸生曰居蠻夷中久殊失禮義因問陸生曰我
孰與蕭何曹參韓信賢陸生曰王似賢復曰我
孰與皇帝賢陸生曰皇帝起豐沛討暴秦誅彊
楚為天下興利除害繼五帝三皇之業統理中
國中國之人以億計地方萬里居天下之膏腴
人衆車轝萬物殷富政由一家自天地剖判未

始有也今王衆不過數十萬皆蠻夷崎嶇山海間譬若漢一郡王何乃比於漢尉佗大笑曰吾不起中國故王此使我居中國何渠不若漢迺大説陸生留與飲數月曰越中無足與語至生來令我日聞所不聞賜陸生槖中裝直千金他送亦千金陸生卒拜尉佗為南越王令稱臣奉漢約歸報高祖大悅拜賈為太中大夫陸生時時前説稱詩書高帝罵之曰迺公居馬上而得之安事詩書陸生曰居馬上得之寧可以馬上治之乎且湯武逆取而以順守之文武並用長

久之術也昔者吳王夫差智伯極武而亡秦任
刑法不變卒滅趙氏鄉使秦已并天下行仁義
法先聖陛下安得而有之高帝不懌而有慙色
迺謂陸生曰試為我著秦所以失天下吾所以
得之者何及古成敗之國陸生乃粗述存亡之
徵凡著十二篇每奏一篇高帝未嘗不稱善左
右呼萬歲號其書曰新語孝惠帝時呂太后用
事欲王諸呂畏大臣有口者陸生自度不能爭
之迺病免家居以好畤田地善可以家焉有五
男迺出所使越得槖中裝賣千金分其子子二

百金令為生產陸生常安車駟馬從歌舞鼓琴瑟侍者十人寶劒直百金謂其子曰與汝約過汝汝給吾人馬酒食極欲十日而更所死家得寶劒車騎侍從者一歲中往來過他客率不過再三過數見不鮮無久慁公為也呂太后時王諸呂諸呂擅權欲劫少主危劉氏右丞相陳平患之力不能爭恐禍及己常燕居深念陸生往請直入坐而陳丞相方深念不時見陸生陸生曰何念之深也陳平曰生揣我何念陸生曰足下位為上相食三萬戶侯可謂極富貴無欲矣

然有憂念不過患諸呂少主耳陳平曰然爲之奈何陸生曰天下安注意相天下危注意將將相和調則士務附士務附天下雖有變即權不分爲社稷計在兩君掌握耳臣常欲謂太尉絳侯絳侯與我戲易吾言君何不交驩太尉深相結爲陳平畫呂氏數事陳平用其計迺以五百金爲絳侯壽厚具樂飲太尉亦報如之此兩人深相結則呂氏謀益衰陳平迺以奴婢百人車馬五十乘錢五百萬遺陸生爲飲食費陸生以此游漢廷公卿間名聲藉甚及誅諸呂立孝文

帝陸生頗有力焉孝文帝即位欲使人之南越
陳丞相等乃言陸生爲太中大夫往使尉佗令
尉佗去黃屋稱制令比諸侯皆如意旨語在南
越語中陸生竟以壽終
太史公曰世之傳酈生書多曰漢王已拔三秦
東擊項籍而引軍於鞏洛之間酈生被儒衣往
說漢王迺非也自沛公未入關與項羽別而至
高陽得酈生兄弟余讀陸生新語書十二篇固
當世之辯士至平原君子與余善是以得具論
之

# 袁盎傳

袁盎者楚人也字絲父故為羣盜徙處安陵高后時盎嘗為呂祿舍人及孝文帝即位盎兄噲任盎為中郎絳侯為丞相朝罷趨出意得甚上禮之恭常自送之袁盎進曰陛下以丞相何如人上曰社稷臣盎曰絳侯所謂功臣非社稷臣社稷臣主在與在主亡與亡方呂后時諸呂用事擅相王劉氏不絶如帶是時絳侯為太尉主兵柄弗能正呂后崩大臣相與共畔諸呂太尉主兵適會其成功所謂功臣非社稷臣丞相如

有驕主色陛下謙讓臣主失禮竊爲陛下不取也後朝上益莊丞相益畏已而絳侯望袁盎曰吾與而兄善今兒廷毀我盎遂不謝及絳侯免相之國國人上書告以爲反徵繫清室宗室諸公莫敢爲言唯袁盎明絳侯無罪絳侯得釋盎頗有力絳侯乃大與盎結交淮南厲王朝殺辟陽侯居處驕甚袁盎諫曰諸侯大驕必生患可適削地上弗用淮南王益横及棘蒲侯柴武太子謀反事覺治連淮南王淮南王徵上因遷之蜀轞車傳送袁盎時爲中郎將乃諫曰陛下素

驕淮南王弗稍禁以至此今又暴摧折之淮南王爲人剛如有遇霧露行道死陛下竟爲以天下之大弗能容有殺弟之名奈何上弗聽遂行之淮南王至雍病死聞上輟食哭甚哀盎入頓首請罪上曰以不用公言至此盎曰上自寬此往事豈可悔哉且陛下有高世之行者三此不足以毁名上曰吾高世行三者何事盎曰陛下居代時太后嘗病三年陛下不交睫不解衣湯藥非陛下口所嘗弗進夫曾參以布衣猶難之今陛下親以王者修之過曾參孝遠矣夫諸呂

用事大臣專制然陛下從代乘六乘傳馳不測之淵雖賁育之勇不及陛下陛下至代邸西向讓天子位者再南面讓天子位者三夫許由一讓而陛下五以天下讓過許由四矣且陛下遷淮南王欲以苦其志使改過有司衛不謹故病死於是上乃解曰將奈何盎曰淮南王有三子唯在陛下耳於是文帝立其三子皆爲王盎由此名重朝廷袁盎常引大體忼慨宦者趙同以數幸常害袁盎袁盎患之盎兄子種爲常侍騎持節夾乘說盎曰君與鬭廷辱之使其毀不用

孝文帝出趙同參乘袁盎伏車前曰臣聞天子所與共六尺輿者皆天下豪英今漢雖乏人陛下獨奈何與刀鋸餘人載於是上笑下趙同趙同泣下車文帝從霸陵上欲西馳下峻阪袁盎騎並車擥轡上曰將軍怯邪盎曰臣聞千金之子坐不垂堂百金之子不騎衡聖主不乘危而徼幸今陛下騁六騑馳下峻山如有馬驚車敗陛下縱自輕奈高廟太后何上乃止上幸上林皇后慎夫人從其在禁中常同席坐及坐郎署長布席袁盎引卻慎夫人坐慎夫人怒不肯坐

上亦怒起入禁中盎因前說曰臣聞尊卑有序
則上下和今陛下既已立后愼夫人乃妾妾主
豈可與同坐哉且陛下幸之即厚賜之陛下所
以爲愼夫人適所以禍之陛下獨不見人彘乎
於是上乃說召語愼夫人愼夫人賜盎金五十
斤然袁盎亦以數直諫不得久居中調爲隴西
都尉仁愛士卒士卒皆爭爲死遷爲齊相徙爲
吳相辭行種謂盎曰吳王驕日久國多姦今苟
欲劾治彼不上書告君即利劍刺君矣南方卑
溼君能日飲毋何時說王曰毋反而已如此幸

得脫盎用種之計吳王厚遇盎盎告歸道逢丞相申屠嘉下車拜謁丞相從車上謝袁盎袁盎還愧其吏乃之丞相舍上謁求見丞相丞相良久而見之盎因跪曰願請閒丞相曰使君所言公事之曹與長史掾議吾且奏之即私邪吾不受私語袁盎即跪說曰君為丞相自度孰與陳平絳侯丞相曰吾不如袁盎曰善君即自謂不如夫陳平絳侯輔翼高帝定天下為將相而誅諸呂存劉氏君乃為材官蹶張遷為隊率積功至淮陽守非有奇計攻城野戰之功且陛下從

代来每朝郎官上書疏未嘗不止輦受其言言不可用置之言可受採之未嘗不稱善何也則欲以致天下賢士大夫上日聞所不聞明所不知日益聖智君今自閉鉗天下之口而日益愚夫以聖主責愚相君受禍不久矣丞相乃再拜曰嘉鄙野人乃不知將軍幸教引入與坐為上客盎素不好鼂錯鼂錯所居坐盎去盎坐錯亦去兩人未嘗同堂語及孝文帝崩孝景帝即位鼂錯為御史大夫使吏案袁盎受吳王財物抵罪詔赦以為庶人吳楚反聞鼂錯謂丞史曰夫

袁盎多受吳王金錢專為蔽匿言不反今果反欲請治盎宜知計謀丞史曰事未發治之有絶今兵西鄉治之何益且袁盎不宜有謀鼂錯猶與未決人有告袁盎者袁盎恐夜見竇嬰為言吳所以反者願至上前口對狀竇嬰入言上上乃召袁盎入見鼂錯在前及盎請辟人賜閒錯去固恨甚袁盎具言吳所以反狀以錯故獨急斬錯以謝吳吳兵乃可罷其語具在吳事中使袁盎為太常竇嬰為大將軍兩人素相與善逮吳反諸陵長者長安中賢大夫爭附兩人車隨

者日數百乘及鼂錯已誅袁盎以太常使吳吳王欲使將不肯欲殺之使一都尉以五百人圍守盎軍中袁盎自其爲吳相時嘗有從史從史嘗盜愛盎侍兒盎知之弗泄遇之如故人有告從史言君知爾與侍者通乃亡歸袁盎驅自追之遂以侍者賜之復爲從史及袁盎使吳見守從史適爲守盎校尉司馬乃悉以其裝齎置二石醇醪會天寒士卒飢渴飲酒醉西南陬卒皆臥司馬夜引袁盎起曰君可以去矣吳王期旦日斬君盎弗信曰公何爲者司馬曰臣故爲從

張同帳

史盜君侍兒者盎乃驚謝曰公幸有親吾不足以累公司馬曰君第去臣亦且亡避吾親君何患乃以刀決張道從醉卒直隧出司馬與分背袁盎解節毛懷之杖步行七八里明見梁騎騎馳去遂歸報吳楚已破上更以元王子平陸侯禮為楚王袁盎為楚相嘗上書有所言不用袁盎病免居家與閭里浮沈相隨行鬪雞走狗雒陽劇孟嘗過袁盎盎善待之安陵富人有謂盎曰吾聞劇孟博徒將軍何自通之盎曰劇孟雖博徒然母死客送葬車千餘乘此亦有過人者

且緩急人所有夫一旦有急叩門不以親為解不以存亡為辭天下所望者獨季心劇孟耳今公常從數騎一旦有緩急寧足恃乎罵富人弗與通諸公聞之皆多袁盎袁盎雖家居景帝時時使人問籌策梁王欲求為嗣袁盎進說其後語塞梁王以此怨盎曾使人刺盎刺者至關中問袁盎諸君譽之皆不容口乃見袁盎曰臣受梁王金來刺君君長者不忍刺君然後刺君者十餘曹備之袁盎心不樂家又多怪乃之棓生所問占還梁刺客後曹輩果遮刺殺盎安陵郭

門外
太史公曰袁盎雖不好學亦善傅會仁心為質引義忼慨遭孝文初立資適逢世時以變易及吳楚一說說雖行哉然復不遂好聲矜賢竟以名敗鼂錯為家令時數言事不用後擅權多所變更諸侯發難不急匡救欲報私讎反以亡軀語曰變古亂常不死則亡豈錯等謂邪

吳王濞傳

吳王濞者高帝兄劉仲之子也高帝已定天下七年立劉仲為代王而匈奴攻代代劉仲不能堅

守棄國亡間行走雒陽自歸天子天子為骨肉故不忍致法廢以為郃陽侯高帝十一年秋淮南王英布反東并荊地劫其國兵西度淮擊楚高帝自將往誅之劉仲子沛侯濞年二十有氣力以騎將從破布軍蘄西會甀布走荊王劉賈為布所殺無後上患吳會稽輕悍無壯王以填之諸子少乃立濞於沛為吳王王三郡五十三城已拜受印高帝召濞相之謂曰若狀有反相心獨悔業已拜因拊其背告曰漢後五十年東南有亂者豈若耶然天下同姓為一家也慎無

反濞頓首曰不敢會孝惠高后時天下初定郡國諸侯各務自拊循其民吳有豫章郡銅山濞則招致天下亡命者益鑄錢煑海水為鹽以故無賦國用富饒孝文時吳太子入見得侍皇太子飲博吳太子師傅皆楚人輕悍又素驕博爭道不恭皇太子引博局提吳太子殺之於是遣其喪歸葬至吳吳王慍曰天下同宗死長安即葬長安何必來葬為復遣喪之長安葬吳王由此稍失藩臣之禮稱病不朝京師知其以子故稱病不朝驗問實不病諸吳使來輒繫責治之

吳王恐爲謀滋甚及後使人爲秋請上復責問吳使者使者對曰王實不病漢繫治使者數輩以故遂稱病且夫察見淵中魚不祥今王始詐病及覺見責急愈益閉恐上誅之計乃無聊唯上棄之而與更始於是天子乃赦吳使者歸之而賜吳王几杖老不朝吳得釋其罪謀亦益解然其居國以銅鹽故百姓無賦卒踐更輒與平賈歲時存問茂材賞賜閭里佗郡國吏欲來捕亡人者訟共禁弗予如此者四十餘年以故能使其衆鼂錯爲太子家令得幸太子數從容言

吳過可削數上書說孝文帝文帝寬不忍罰以此吳日益橫及孝景帝即位錯為御史大夫說上曰昔高帝初定天下昆弟少諸子弱大封同姓故王孽子悼惠王王齊七十餘城庶弟元王王楚四十餘城兄子濞王吳五十餘城封三庶孽分天下半今吳王前有太子之郄詐稱病不朝於古法當誅文帝弗忍因賜几杖德至厚當改過自新乃益驕溢即山鑄錢煑海水為鹽誘天下亡人謀作亂今削之亦反不削之亦反削之其反亟禍小不削反遲禍大三年冬楚王朝

鼂錯因言楚王戊往年為薄太后服私姦服舍請誅之詔赦罰削東海郡因削吳之豫章郡會稽郡及前二年趙王有罪削其河間郡膠西王卬以賣爵有姦削其六縣漢廷臣方議削吳吳王濞恐削地無已因以此發謀欲舉事念諸侯無足與計謀者聞膠西王勇好氣喜兵諸齊皆憚畏於是乃使中大夫應高誂膠西王無文書口報曰吳王不肖有宿夕之憂不敢自外使喻其驩心王曰何以教之高曰今者主上興於姦飾於邪臣好小善聽讒賊擅變更律令侵奪諸

侯之地徵求滋多誅罰良善日以益甚里語有之舐糠及米吳與膠西知名諸侯也一時見察恐不得安肆矣吳王身有內病不能朝請二十餘年嘗患見疑無以自白今脅肩累足猶懼不見釋竊聞大王以爵事有適所聞諸侯削地罪不至此此恐不得削地而已王曰然有之子將奈何高曰同惡相助同好相留同情相成同欲相趨同利相死今吳王自以為與大王同憂願因時循理棄軀以除患害於天下億亦可乎王瞿然駭曰寡人何敢如是今主上雖急固有死

耳安得不戴高曰御史大夫鼂錯熒惑天子侵奪諸侯蔽忠塞賢朝廷疾怨諸侯皆有倍畔之意人事極矣彗星出蝗蟲數起此萬世一時而愁勞聖人之所以起也故吳王欲內以鼂錯為討外隨大王後車彷徉天下所鄉者降所指者下天下莫敢不服大王誠幸而許之一言則吳王率楚王略函谷關守滎陽敖倉之粟距漢兵治次舍須大王大王有幸而臨之則天下可并兩主分割不亦可乎王曰善高歸報吳王吳王猶恐其不與乃身自為使使於膠西面結之膠

西羣臣或聞王謀諫曰承一帝至樂也今大王與吳西鄉第令事成兩主分爭患乃始結諸侯之地不足為漢郡什二而為畔逆以憂太后非長策也王弗聽遂發使約齊菑川膠東濟南濟北皆許諾而曰城陽景王有義攻諸呂勿與事定分之耳諸侯既新削罰振恐多怨鼂錯及削吳會稽豫章郡書至則吳王先起兵膠西正月丙午誅漢吏二千石以下膠東菑川濟南楚趙亦然遂發兵西齊王後悔飲藥自殺畔約濟北王城壞未完其郎中令劫守其王不得發兵膠

西為渠率膠東菑川濟南共攻圍臨菑趙王遂亦反陰使匈奴與連兵七國之發也吳王悉其士卒下令國中曰寡人年六十二身自將少子年十四亦為士卒先諸年上與寡人比下與少子等者皆發發二十餘萬人南使閩越東越東越亦發兵從孝景帝三年正月甲子初起兵於廣陵西涉淮因幷楚兵發使遺諸侯書曰吳王劉濞敬問膠西王膠東王菑川王濟南王趙王楚王淮南王衡山王廬江王故長沙王子幸教寡人以漢有賊臣無功天下侵奪諸侯地使吏

刻轢訊治以僇辱之為故不以諸侯人君禮遇
劉氏骨肉絶先帝功臣進任姦宄誑亂天下欲
危社稷陛下多病志失不能省察欲舉兵誅之
謹聞教敝國雖狹地方三千里人雖少精兵可
具五十萬寡人素事南越三十餘年其王君皆
不辭分其卒以隨寡人又可得三十餘萬寡人
雖不肖願以身從諸王越直長沙者因王子定
長沙以北西走蜀漢中告越楚王淮南三王與
寡人西面齊諸王與趙王定河間河內或入臨
晉關或與寡人會雒陽燕王趙王固與胡王有

約燕王北定代雲中摶胡衆入蕭關走長安匡正天子以安高廟願王勉之楚元王子淮南三王或不沐洗十餘年怨入骨髓欲一有所出之久矣寡人未得諸王之意未敢聽今諸王苟能存亡繼絶振弱伐暴以安劉氏社稷之所願也敝國雖貧寡人節衣食之用積金錢修兵革聚穀食夜以繼日三十餘年矣凡爲此願諸王勉用之能斬捕大將者賜金五千斤封萬戶列將三千斤封五千戶裨將二千斤封二千戶二千石千斤封千戶千石五百斤封五百戶皆爲列

侯其以軍若城邑降者卒萬人邑萬户如得大將人户五千如得列將人户三千如得裨將人户千如得二千石其小吏皆以差次受爵金佗封賜皆倍常法其有故爵邑者更益勿因願諸王明以令士大夫弗敢欺也寡人金錢在天下者往往而有非必取於吳諸王日夜用之弗能盡有當賜者告寡人寡人且往遺之敬以聞七國反書聞天子天子乃遣太尉條侯周亞夫將三十六將軍往擊吳楚遣曲周侯酈寄擊趙將軍欒布擊齊大將軍竇嬰屯滎陽監齊趙兵吳

楚反書聞兵未發竇嬰未行言故吳相袁盎盎時家居詔召入見上方與鼂錯調兵笇軍食上問袁盎曰君嘗爲吳相知吳臣田祿伯爲人乎今吳楚反於公何如對曰不足憂也今破矣上曰吳王即山鑄錢煑海水爲鹽誘天下豪傑白頭舉事若此其計不百全豈發乎何以言其無能爲也袁盎對曰吳有銅鹽利則有之安得豪傑而誘之誠令吳得豪傑亦且輔王爲義不反矣吳所誘皆無賴子弟亡命鑄錢姦人故相率以反鼂錯曰袁盎策之善上問曰計安出盎對

曰願屏左右上屏人獨錯在盎曰臣所言人臣
不得知也乃屏錯錯趨避東廂恨甚上卒問盎
盎對曰吳楚相遺書曰高帝王子弟各有分地
今賊臣鼂錯擅適過諸侯削奪之地故以反為
名西共誅鼂錯復故地而罷方今計獨斬鼂錯
發使赦吳楚七國復其故削地則兵可無血刃
而俱罷於是上嘿然良久曰顧誠何如吾不愛
一人以謝天下盎曰臣愚計無出此願上孰計
之乃拜盎為太常吳王弟子德侯為宗正盎裝
治行後十餘日上使中尉召錯紿載行東市錯

衣朝衣斬東市則遣袁盎奉宗廟宗正輔親戚
使告吳如盎策至吳吳楚兵已攻梁壁矣宗正
以親故先入見諭吳王使拜受詔吳王聞袁盎
來亦知其欲說已笑而應曰我已爲東帝尚何
誰拜不肯見盎而留之軍中欲劫使將盎不肯
使人圍守且殺之盎得夜出步亡去走梁軍遂
歸報條侯將乘六乘傳會兵滎陽至雒陽見劇
孟喜曰七國反吾乘傳至此不自意全又以爲
諸侯已得劇孟劇孟今無動吾據滎陽滎陽以
東無足憂者至淮陽問父絳侯故客鄧都尉曰

策安出客曰吳兵銳甚難與爭鋒楚兵輕不能久方今為將軍計莫若引兵東北壁昌邑以梁委吳吳必盡銳攻之將軍深溝高壘使輕兵絕淮泗口塞吳饟道彼吳梁相敝而糧食竭乃以全彊制其罷極破吳必矣條侯曰善從其策遂堅壁昌邑南輕兵絕吳饟道吳王之初發也吳臣田禄伯為大將軍田禄伯曰兵屯聚而西無佗奇道難以就功臣願得五萬人別循江淮而上收淮南長沙入武關與大王會此亦一奇也吳王太子諫曰王以反為名此兵難以藉人藉

人亦且反王奈何且擅兵而別多佗利害未可知也徒自損耳吳王即不許田祿伯吳少將桓將軍說王曰吳多步兵步兵利險漢多車騎車騎利平地願大王所過城邑不下直棄去疾西據雒陽武庫食敖倉粟阻山河之險以令諸侯雖毋入關天下固已定矣即大王徐行留下城邑漢軍車騎至馳入梁楚之郊事敗矣吳王問諸老將老將曰此少年推鋒之計可耳安知大慮乎於是王不用桓將軍計吳王專并將其兵未渡淮諸賓客皆得爲將校尉候司馬獨周丘

不得用周丘者下邳人亡命吳酤酒無行吳王濞薄之弗任周丘上謁說王曰臣以無能不得待罪行間臣非敢求有所將願得王一漢節必有以報王王乃予之周丘得節夜馳入下邳下邳時聞吳反皆城守至傳舍召令令入户使從者以罪斬令遂召昆弟所善豪吏告曰吳反兵且至至屠下邳不過食頃今先下家室必完能者封侯矣出乃相告下邳皆下周丘一夜得三萬人使人報吳王遂將其兵北略城邑比至城陽兵十餘萬破城陽中尉軍聞吳王敗走自度

無與共成功即引兵歸下邳未至疽發背死二月中吳王兵既破敗走於是天子制詔將軍曰蓋聞為善者天報之以福為非者天報之以殃高皇帝親表功德建立諸侯幽王悼惠王絕無後孝文皇帝哀憐加惠王幽王子遂悼惠王子卬等令奉其先王宗廟為漢藩國德配天地明並日月吳王濞倍德反義誘受天下亡命辠人亂天下幣稱病不朝二十餘年有司數請濞罪孝文皇帝寬之欲其改行為善今乃與楚王戊趙王遂膠西王卬濟南王辟光菑川王賢膠東

王雄渠約從反爲逆無道起兵以危宗廟賊殺
大臣及漢使者迫劫萬民夭殺無罪燒殘民家
掘其丘冢甚爲暴虐今卬等又重逆無道燒宗
廟鹵御物朕甚痛之朕素服避正殿將軍其勸
士大夫擊反虜擊反虜者深入多殺爲功斬首
捕虜比三百石以上者皆殺之無有所置敢有
議詔及不如詔者皆要斬初吳王之度淮與楚
王遂西敗棘壁乘勝前銳甚梁孝王恐遣六將
軍擊吳又敗梁兩將士卒皆還走梁梁數使使
報條侯求救條侯不許又使使惡條侯於上上

使人告條侯救梁復守便宜不行梁使韓安國
及楚死事相弟張羽為將軍乃得頗敗吳兵吳
兵欲西梁城守堅不敢西即走條侯軍會下邑
欲戰條侯壁不肯戰吳糧絶卒饑數挑戰遂夜
犇條侯壁驚東南條侯使備西北果從西北入
吳大敗士卒多饑死乃畔散於是吳王乃與其
麾下壯士數千人夜亡去度江走丹徒保東越
東越兵可萬餘人乃使人收聚亡卒漢使人以
利啗東越東越即紿吳王吳王出勞軍即使人
鏦殺吳王盛其頭馳傳以聞吳王子子華子駒

亡走閩越吳王之棄其軍亡也軍遂潰往往稍降太尉梁軍楚王戊軍敗自殺三王之圍齊臨菑也三月不能下漢兵至膠西膠東菑川王各引兵歸膠西王乃袒跣席藁飲水謝太后王太子德曰漢兵遠臣觀之已罷可襲願收大王餘兵擊之擊之不勝乃逃入海未晚也王曰吾士卒皆已壞不可發用弗聽漢將弓高侯頽當遺王書曰奉詔誅不義降者赦其罪復故不降者滅之王何處須以從事王肉袒叩頭漢軍壁謁曰臣卬奉法不謹驚駭百姓乃苦將軍遠道至

于窮國敢請菹醢之罪弓高侯執金鼓見之曰王苦軍事願聞王發兵狀王頓首膝行對曰今者鼂錯天子用事臣變更高皇帝法令侵奪諸侯地卬等以為不義恐其敗亂天下七國發兵且以誅錯今聞錯已誅卬等謹以罷兵歸將軍曰王苟以錯不善何不以聞及未有詔虎符擅發兵擊義國以此觀之意非欲誅錯也乃出詔書為王讀之讀之訖曰王其自圖王曰如卬等死有餘罪遂自殺太后太子皆死膠東菑川濟南王皆死國除納于漢酈將軍圍趙十月而下

之趙王自殺濟北王以劫故得不誅徙王菑川

初吳王首反并將楚兵連齊趙正月起兵三月皆破獨趙後下復置元王少子平陸侯禮為楚王續元王後徙汝南王非王吳故地為江都王

太史公曰吳王之王由父省也能薄賦歛使其衆以擅山海利逆亂之萌自其子興爭技發難卒亡其本親越謀宗竟以夷隕鼂錯為國遠慮禍反近身袁盎權說初寵後辱故古者諸侯地不過百里山海不以封毋親夷狄以疏其屬蓋謂吳邪毋為權首反受其咎豈盎錯邪

史記英選卷之四

魏其侯武安侯灌夫傳

魏其侯竇嬰者孝文后從兄子也父世觀津人喜賓客孝文時嬰爲吳相病免孝景初即位爲詹事梁孝王者孝景弟也其母竇太后愛之梁孝王朝因昆弟燕飲是時上未立太子酒酣從容言曰千秋之後傳梁王太后驩竇嬰引卮酒進上曰天下者高祖天下父子相傳此漢之約也上何以得擅傳梁王太后由此憎竇嬰竇嬰亦薄其官因病免太后除竇嬰門籍不得入朝

請孝景三年吳楚反上察宗室諸竇毋如竇嬰賢乃召嬰嬰入見固辭謝病不足任太后亦慙於是上曰天下方有急王孫寧可以讓邪乃拜嬰為大將軍賜金千斤竇嬰乃言袁盎欒布諸名將賢士在家者進之所賜金陳之廊廡下軍吏過輒令財取為用金無入家者竇嬰守滎陽監齊趙兵七國兵已盡破封嬰為魏其侯諸游士賓客爭歸魏其侯孝景時每朝議大事條侯魏其侯諸列侯莫敢與亢禮孝景四年立栗太子使魏其侯為太子傅孝景七年栗太子廢魏

其數爭不能得魏其謝病屏居藍田南山之下數月諸賓客辯士說之莫能來梁人高遂乃說魏其曰能富貴將軍者上也能親將軍者太后也今將軍傅太子太子廢而不能爭爭不能得又弗能死自引謝病擁趙女屏閒處而不朝相提而論是自明揚主上之過有如兩宮螫將軍則妻子毋類矣魏其侯然之乃遂起朝請如故桃侯免相竇太后數言魏其侯孝景帝曰太后豈以為臣有愛不相魏其魏其者沾沾自喜耳多易難以為相持重遂不用用建陵侯衛綰為

丞相

武安侯田蚡者孝景后同母弟也生長陵魏其已爲大將軍後方盛蚡爲諸郎未貴往來侍酒魏其跪起如子姪及孝景晩節蚡益貴幸爲太中大夫蚡辯有口學槃盂諸書王太后賢之孝景崩卽日太子立稱制所鎭撫多有田蚡賓客計筴蚡弟田勝皆以太后弟孝景後三年封蚡爲武安侯勝爲周陽侯武安侯新欲用事爲相卑下賓客進名士家居者貴之欲以傾魏其諸將相建元元年丞相綰病免上議置丞相太尉

籍福說武安侯曰魏其貴久矣天下士素歸之今將軍初興未如魏其即上以將軍為丞相必讓魏其魏其為丞相將軍必為太尉太尉丞相尊等耳又有讓賢名武安侯乃微言太后風上於是乃以魏其侯為丞相武安侯為太尉籍福賀魏其侯因弔曰君侯資性喜善疾惡方今善人譽君侯故至丞相然君侯且疾惡惡人衆亦且毀君侯君侯能兼容則幸久不能今以毀去矣魏其不聽魏其武安俱好儒術推轂趙綰為御史大夫王臧為郎中令迎魯申公欲設明堂

令列侯就國除關以禮爲服制以興太平舉適
諸竇宗室毋節行者除其屬籍時諸外家爲列
侯列侯多尚公主皆不欲就國以故毀日至竇
太后太后好黃老之言而魏其武安趙綰王臧
等務隆推儒術貶道家言是以竇太后滋不說
魏其等及建元二年御史大夫趙綰請無奏事
東宮竇太后大怒乃罷逐趙綰王臧等而免丞
相太尉以柏至侯許昌爲丞相武彊侯莊青翟
爲御史大夫魏其武安由此以侯家居武安侯
雖不任職以王太后故親幸數言事多效天下

吏士趨勢利者皆去魏其歸武安武安日益橫建元六年竇太后崩丞相昌御史大夫青翟坐喪事不辦免以武安侯蚡為丞相以大司農韓安國為御史大夫天下士郡國諸侯愈益附武安武安者貌侵生貴甚又以為諸侯王多長上初即位富於春秋蚡以肺腑為京師相非痛折節以禮詘之天下不肅當是時丞相入奏事坐語移日所言皆聽薦人或起家至二千石權移主上上乃曰君除吏已盡未吾亦欲除吏嘗請考工地益宅上怒曰君何不遂取武庫是後乃

退嘗召客飲坐其兄蓋侯南鄉自坐東鄉以為漢相尊不可以兄故私橈武安由此滋驕治宅甲諸第田園極膏腴而市買郡縣器物相屬於道前堂羅鐘鼓立曲旃後房婦女以百數諸侯奉金玉狗馬玩好不可勝數魏其失竇太后益踈不用無勢諸客稍稍自引而怠傲唯灌將軍獨不失故魏其日默默不得志而獨厚遇灌將軍

灌將軍夫者潁陰人也夫父張孟嘗為潁陰侯嬰舍人得幸因進之至二千石故蒙灌氏姓為

灌孟吳楚反時潁陰侯灌何為將軍屬太尉請灌孟為校尉夫以千人與父俱灌孟年老潁陰侯彊請之鬱鬱不得意故戰常陷堅遂死吳軍中軍法父子俱從軍有死事得與喪歸灌夫不肯隨喪歸奮曰願取吳王若將軍頭以報父之仇於是灌夫被甲持戟募軍中壯士所善願從者數十人及出壁門莫敢前獨二人及從奴十數騎馳入吳軍至吳將麾下所殺傷數十人不得前復馳還走入漢壁皆亡其奴獨與一騎歸夫身中大創十餘適有萬金良藥故得無死夫

創少瘳又復請將軍曰吾益知吳壁中曲折請
復往將軍壯義之恐亡夫乃言太尉太尉乃固
止之吳已破灌夫以此名聞天下潁陰侯言之
上上以夫爲中郎將數月坐法去後家居長安
長安中諸公莫弗稱之孝景時至代相孝景崩
今上初卽位以爲淮陽天下交勁兵處故徙夫
爲淮陽太守建元元年入爲太僕二年夫與長
樂衛尉竇甫飮輕重不得夫醉搏甫甫竇太后
昆弟也上恐太后誅夫徙爲燕相數歲坐法去
官家居長安灌夫爲人剛直使酒不好面諛貴

戚諸有勢在已之右不欲加禮必陵之諸士在已之左愈貧賤尤益敬與鈞稠人廣衆薦寵下輩士亦以此多之夫不喜文學好任俠已然諾諸所與交通無非豪傑大猾家累數千萬食客日數十百人陂池田園宗族賓客為權利横於潁川潁川兒乃歌之曰潁水清灌氏寧潁水濁灌氏族灌夫家居雖富然失勢卿相侍中賓客益衰及魏其侯失勢亦欲倚灌夫引繩批根生平慕之後棄之者灌夫亦倚魏其而通列侯宗室為名高兩人相為引重其游如父子然相得

驩甚無厭恨相知晚也灌夫有服過丞相丞相從容曰吾欲與仲孺過魏其侯會仲孺有服灌夫曰將軍乃肯幸臨況魏其侯夫安敢以服爲解請語魏其侯帳具將軍旦日蚤臨武安許諾灌夫具語魏其侯如所謂武安侯魏其與其夫人益市牛酒夜灑掃早帳具至旦平明令門下候伺至日中丞相不來魏其謂灌夫曰丞相豈忘之哉灌夫不懌曰夫以服請宜往乃駕自往迎丞相丞相特前戲許灌夫殊無意往及夫至門丞相尚臥於是夫入見曰將軍昨日幸許過

魏其魏其夫妻治具自旦至今未敢嘗食武安
鄂謝曰吾昨日醉忽忘與仲孺言乃駕往又徐
行灌夫愈益怒及飲酒酣夫起舞屬丞相丞相
不起夫從坐上語侵之魏其乃扶灌夫去謝丞
相丞相卒飲至夜極驩而去丞相嘗使籍福請
魏其城南田魏其大望曰老僕雖棄將軍雖貴
寧可以勢奪乎不許灌夫聞怒罵籍福籍福惡
兩人有郄乃謾自好謝丞相曰魏其老且死易
忍且待之已而武安聞魏其灌夫實怒不予田
亦怒曰魏其子嘗殺人蚡活之蚡事魏其無所

不可何愛數頃田且灌夫何與也吾不敢復求田武安由此大怨灌夫魏其元光四年春丞相言灌夫家在潁川橫甚民苦之請案上曰此丞相事何請灌夫亦持丞相陰事為姦利受淮南王金與語言賓客居間遂止俱解夏丞相取燕王女為夫人有太后詔召列侯宗室皆往賀魏其侯過灌夫欲與俱夫謝曰夫數以酒失得過丞相丞相今者又與夫有郄魏其曰事已解彊與俱飲酒酣武安起為壽坐皆避席伏已魏其侯為壽獨故人避席耳餘半膝席灌夫不悅起

行酒至武安武安膝席曰不能滿觴夫怒因嘻
笑曰將軍貴人也屬之時武安不肯行酒次至
臨汝侯臨汝侯方與程不識耳語又不避席夫
無所發怒乃罵臨汝侯曰生平毀程不識不直
一錢今日長者為壽乃效女兒呫囁耳語武安
謂灌夫曰程李俱東西宮衛尉今衆辱程將軍
仲孺獨不為李將軍地乎灌夫曰今日斬頭陷
胷何知程李乎坐乃起更衣稍稍去魏其侯去
麾灌夫出武安遂怒曰此吾驕灌夫罪乃令騎
留灌夫灌夫欲出不得籍福起為謝案灌夫項

令謝夫愈怒不肯謝武安乃麾騎縛夫置傳舍召長史曰今日召宗室有詔劾灌夫罵坐不敬繫居室遂按其前事遣吏分曹逐捕諸灌氏支屬皆得棄市罪魏其侯大媿為資使賓客請莫能解武安吏皆為耳目諸灌氏皆亡匿夫繫遂不得告言武安陰事魏其銳身為救灌夫夫人諫魏其曰灌將軍得罪丞相與太后家忤寧可救邪魏其侯曰侯自我得之自我捐之無所恨且終不令灌仲孺獨死嬰獨生乃匿其家竊出上書立召入具言灌夫醉飽事不足誅上然之

辟倪同睥睨

賜魏其食曰東朝廷辯之魏其之東朝盛推灌夫之善言其醉飽得過乃丞相以他事誣罪之武安又盛毀灌夫所為橫恣罪逆不道魏其度不可奈何因言丞相短武安曰天下幸而安樂無事蚡得為肺腑所好音樂狗馬田宅蚡所愛倡優巧匠之屬不如魏其灌夫日夜招聚天下豪桀壯士與論議腹誹而心謗不仰視天而俯畫地辟倪兩宮閒幸天下有變而欲有大功臣乃不知魏其等所為於是上問朝臣兩人孰是御史大夫韓安國曰魏其言灌夫父死事身荷

戟馳入不測之吳軍身被數十創名冠三軍此
天下壯士非有大惡爭杯酒不足引他過以誅
也魏其言是也丞相亦言灌夫通姦猾侵細民
家累巨萬橫恣潁川凌轢宗室侵犯骨肉此所
謂枝大於本脛大於股不折必披丞相言亦是
唯明主裁之主爵都尉汲黯是魏其內史鄭當
時是魏其後不敢堅對餘皆莫敢對上怒內史
曰公平生數言魏其武安長短今日廷論局趣
效轅下駒吾幷斬若屬矣即罷起入上食太后
太后亦已使人候伺具以告太后太后怒不食

曰今我在也而人皆藉吾弟令我百歲後皆魚肉之矣且帝寧能為石人邪此特帝在即錄錄設百歲後是屬寧有可信者乎上謝曰俱宗室外家故廷辯之不然此一獄吏所决耳是時郎中令石建為上分別言兩人事武安已罷朝出止車門召韓御史大夫載怒曰與長孺共一老禿翁何為首鼠兩端韓御史良久謂丞相曰君何不自喜夫魏其毀君君當免冠解印綬歸曰臣以肺腑幸得待罪固非其任魏其言皆是如此上必多君有讓不廢君魏其必內愧杜門齰

舌自殺今人毀君君亦毀人譬如賈豎女子爭
言何其無大體也武安謝罪曰爭時急不知出
此於是上使御史簿責魏其所言灌夫頗不讎
欺謾劾繫都司空孝景時魏其常受遺詔曰事
有不便以便宜論上及繫灌夫罪至族事日急
諸公莫敢復明言於上魏其乃使昆弟子上書
言之幸得復召見書奏上而案尚書大行無遺
詔詔書獨藏魏其家家丞封乃劾魏其矯先帝
詔罪當棄市五年十月悉論灌夫及家屬魏其
良久乃聞聞即恚病痱不食欲死或聞上無意

殺魏其魏其復食治病議定不死矣乃有蜚語為惡言聞上故以十二月晦論棄市渭城其春武安侯病專呼服謝罪使巫視鬼者視之見魏其灌夫共守欲殺之竟死子恬嗣元朔三年武安侯坐衣襜褕入宮不敬淮南王安謀反覺治王前朝武安侯為太尉時迎王至霸上謂王曰上未有太子大王最賢高祖孫即宮車晏駕非大王立當誰哉淮南王大喜厚遺金財物上自魏其時不直武安特為太后故耳及聞淮南王金事上曰使武安侯在者族矣

太史公曰魏其武安皆以外戚重灌夫用一時决筴而名顯魏其之舉以吳楚武安之貴在日月之際然魏其誠不知時變灌夫無術而不遜兩人相翼乃成禍亂武安負貴而好權杯酒責望陷彼兩賢嗚呼哀哉遷怒及人命亦不延衆庶不載竟被惡言嗚呼哀哉禍所從來矣

## 汲黯傳

汲黯字長孺濮陽人也其先有寵於古之衛君至黯七世世為卿大夫黯以父任孝景時為太子洗馬以莊見憚孝景帝崩太子即位黯為謁

者東越相攻上使黯往視之不至至吳而還報曰越人相攻固其俗然不足以辱天子之使河内失火延燒千餘家上使黯往視之還報曰家人失火屋比延燒不足憂也臣過河南河南貧人傷水旱萬餘家或父子相食臣謹以便宜持節發河南倉粟以振貧民臣請歸節伏矯制之罪上賢而釋之遷為滎陽令黯恥為令病歸田里上聞乃召拜為中大夫以數切諫不得久留内遷為東海太守黯學黄老之言治官理民好清靜擇丞史而任之其治責大指而已不苛小

黯多病臥閨閤內不出歲餘東海大治稱之上聞召以爲主爵都尉列於九卿治務在無爲而已弘大體不拘文法黯爲人性倨少禮面折不能容人之過合己者善待之不合己者不能忍見士亦以此不附焉然好學游俠任氣節內行脩潔好直諫數犯主之顏色常慕傅柏袁盎之爲人也善灌夫鄭當時及宗正劉棄亦以數直諫不得久居位當是時太后弟武安侯蚡爲丞相中二千石來拜謁蚡不爲禮然黯見蚡未嘗拜常揖之天子方招文學儒者上曰吾欲云云

黯對曰陛下內多欲而外施仁義奈何欲效唐虞之治乎上默然怒變色而罷朝公卿皆為黯懼上退謂左右曰甚矣汲黯之戇也羣臣或數黯黯曰天子置公卿輔弼之臣寧令從諛承意陷主於不義乎且已在其位縱愛身奈辱朝廷何黯多病病且滿三月上常賜告者數終不愈最後病莊助為請告上曰汲黯何如人哉助曰使黯任職居官無以踰人然至其輔少主守城深堅招之不來麾之不去雖自謂賁育亦不能奪之矣上曰然古有社稷之臣至如黯近之矣

大將軍青侍中上踞厠而視之丞相弘燕見上或時不冠至如黯見上不冠不見也上嘗坐武帳中黯前奏事上不冠望見黯避帳中使人可其奏其見敬禮如此張湯方以更定律令爲廷尉黯數質責湯於上前曰公爲正卿上不能褒先帝之功業下不能抑天下之邪心安國富民使囹圄空虛二者無一焉非苦就行放析就功何乃取高皇帝約束紛更之爲公以此無種矣黯時與湯論議湯辯常在文深小苛黯伉厲守高不能屈忿發罵曰天下謂刀筆吏不可以爲

公卿果然必湯也令天下重足而立側目而視矣是時漢方征匈奴招懷四夷黯務少事乘上間常言與胡和親無起兵上方向儒術尊公孫弘及事益多吏民巧弄上分别文法湯等數奏決讞以幸而黯常毀儒面觸弘等徒懷詐飾智以阿人主取容而刀筆吏專深文巧詆陷人於罪使不得反其真以勝為功上愈益貴弘湯弘湯深心疾黯唯天子亦不說也欲誅之以事弘為丞相乃言上曰右内史界部中多貴人宗室難治非素重臣不能任請徙黯為右内史為右

內史數歲官事不廢大將軍青既益尊姊為皇后然黯與亢禮人或說黯曰自天子欲羣臣下大將軍大將軍尊重益貴君不可以不拜黯曰夫以大將軍有揖客反不重邪大將軍聞愈賢黯數請問國家朝廷所疑遇黯過於平生淮南王謀反憚黯曰好直諫守節死義難惑以非至如說丞相弘如發蒙振落耳天子既數征匈奴有功黯之言益不用始黯列為九卿而公孫弘張湯為小吏及弘湯稍益貴與黯同位黯又非毀弘湯等已而弘至丞相封為侯湯至御史大

夫故黯時丞相史皆與黯同列或尊用過之黯褊心不能無少望見上前言曰陛下用羣臣如積薪耳後来者居上上默然有間黯罷上曰人果不可以無學觀黯之言也日益甚居無何匈奴渾邪王率衆来降漢發車二萬乘縣官無錢從民貰馬民或匿馬馬不具上怒欲斬長安令黯曰長安令無罪獨斬黯民乃肯出馬且匈奴畔其主而降漢漢徐以縣次傳之何至令天下騷動罷弊中國而以事夷狄之人乎上默然及渾邪至賈人與市者坐當死者五百餘人黯請

閒見高門曰夫匈奴攻當路塞絶和親中國興兵誅之死傷者不可勝計而費以巨萬百數臣愚以爲陛下得胡人皆以爲奴婢以賜從軍死事者家所鹵獲因予之以謝天下之苦塞百姓之心今縱不能渾邪率數萬之衆來降虛府庫賞賜發良民侍養譬若奉驕子愚民安知市買長安中物而文吏繩以爲闌出財物于邊關乎陛下縱不能得匈奴之資以謝天下又以微文殺無知者五百餘人是所謂庇其葉而傷其枝者也臣竊爲陛下不取也上默然不許曰吾久

不聞汲黯之言今又復妄發矣後數月黯坐小法會赦免官於是黯隱於田園居數年會更五銖錢民多盜鑄錢楚地尤甚上以為淮陽楚地之郊乃召拜黯為淮陽太守黯伏謝不受印詔數彊予然後奉詔詔召見黯黯為上泣曰臣自以為填溝壑不復見陛下不意陛下復收用之臣常有狗馬病力不能任郡事臣願為中郎出入禁闥補過拾遺臣之願也上曰君薄淮陽耶吾今召君矣顧淮陽吏民不相得吾徒得君之重臥而治之黯既辭行過大行李息曰黯棄居

郡不得與朝廷議也然御史大夫張湯智足以拒諫詐足以飾非務巧佞之語辯數之辭非肯正爲天下言專阿主意主意所不欲因而毀之主意所欲因而譽之好興事舞文法內懷詐以御主心外挾賊吏以爲威重公列九卿不早言之公與之俱受其僇矣息畏湯終不敢言黯居郡如故治淮陽政清後張湯果敗上聞黯與息言抵息罪令黯以諸侯相秩居淮陽七歲而卒卒後上以黯故官其弟汲仁至九卿子汲偃至諸侯相黯姑姊子司馬安亦少與黯爲太子洗

馬安文深巧善宦官四至九卿以河南太守卒昆弟以安故同時至二千石者十人濮陽段宏始事蓋侯信信任宏宏亦再至九卿然衛人仕者皆嚴憚汲黯出其下

太史公曰夫以汲鄭之賢有勢則賓客十倍無勢則否況衆人乎下邽翟公有言始翟公為廷尉賓客闐門及廢門外可設雀羅翟公復為廷尉賓客欲往翟公乃大署其門曰一死一生乃知交情一貧一富乃知交態一貴一賤交情乃見汲鄭亦云悲夫

# 李將軍傳

李將軍廣者隴西成紀人也其先曰李信秦時爲將逐得燕太子丹者也故槐里徙成紀廣家世世受射孝文帝十四年匈奴大入蕭關而廣以良家子從軍擊胡用善騎射殺首虜多爲漢中郎廣從弟李蔡亦爲郎皆爲武騎常侍秩八百石嘗從行有所衝陷折關及格猛獸而文帝曰惜乎子不遇時如令子當高帝時萬戶侯豈足道哉及孝景初立廣爲隴西都尉徙爲騎郎將吳楚軍時廣爲驍騎都尉從太尉亞夫擊吳

楚軍取旗顯功名昌邑下以梁王授廣將軍印還賞不行徙爲上谷太守匈奴日以合戰典屬國公孫昆邪爲上泣曰李廣才氣天下無雙自負其能數與虜敵戰恐亡之於是乃徙爲上郡太守後廣轉爲邊郡太守徙上郡嘗爲隴西北地鴈門代郡雲中太守皆以力戰爲名匈奴大入上郡天子使中貴人從廣勒習兵擊匈奴中貴人將騎數十縱見匈奴三人與戰三人還射傷中貴人殺其騎且盡中貴人走廣廣曰是必射雕者也廣乃遂從百騎往馳三人三人亡馬

步行行數十里廣令其騎張左右翼而廣身自射彼三人者殺其二人生得一人果匈奴射雕者也已縛之上馬望匈奴有數千騎見廣以為誘騎皆驚上山陳廣之百騎皆大恐欲馳還走廣曰吾去大軍數十里今如此以百騎走匈奴追射我立盡今我留匈奴必以我為大將軍誘之必不敢擊我廣令諸騎曰前前未到匈奴陳二里所止令曰皆下馬解鞍其騎曰虜多且近即有急奈何廣曰彼虜以我為走今皆解鞍以示不走用堅其意於是胡騎遂不敢擊有白馬

將出護其兵李廣上馬與十餘騎犇射殺胡白馬將而復還至其騎中解鞍令士皆縱馬臥是時會暮胡兵終怪之不敢擊夜半時胡兵亦以為漢有伏軍於旁欲夜取之胡皆引兵而去平旦李廣乃歸其大軍大軍不知廣所之故弗從居久之孝景崩武帝立左右以為廣名將也於是廣以上郡太守為未央衛尉而程不識亦為長樂衛尉程不識故與李廣俱以邊太守將軍屯及出擊胡而廣行無部伍行陳就善水草屯舍止人人自便不擊刁斗以自衛莫府省約文

書籍事然亦遠斥候未嘗遇害程不識正部曲行伍營陳擊刀斗士吏治軍簿至明軍不得休息然亦未嘗遇害不識曰李廣軍極簡易然虜卒犯之無以禁也而其士卒亦佚樂咸樂爲之死我軍雖煩擾然虜亦不得犯我是時漢邊郡李廣程不識皆爲名將然匈奴畏李廣之略士卒亦多樂從李廣而苦程不識程不識孝景時以數直諫爲太中大夫爲人廉謹於文法後漢以馬邑城誘單于使大軍伏馬邑旁谷而廣爲驍騎將軍領屬護軍將軍是時單于覺之去漢

軍皆無功其後四歲廣以衛尉為將軍出鴈門擊匈奴匈奴兵多破敗廣軍生得廣單于素聞廣賢令曰得李廣必生致之胡騎得廣廣時傷病置廣兩馬間絡而盛臥廣行十餘里廣佯死睨其旁有一胡兒騎善馬廣暫騰而上胡兒馬因推墮兒取其弓鞭馬南馳數十里復得其餘軍因引而入塞匈奴捕者騎數百追之廣行取胡兒弓射殺追騎以故得脫於是至漢漢下廣吏吏當廣所失亡多為虜所生得當斬贖為庶人頃之家居數歲廣家與故潁陰侯孫屏野居

藍田南山中射獵嘗夜從一騎出從人田間飲還至霸陵亭霸陵尉醉呵止廣廣騎曰故李將軍尉曰今將軍尚不得夜行何乃故也止廣宿亭下居無何匈奴入殺遼西太守敗韓將軍韓將軍後徙右北平於是天子乃召拜廣爲右北平太守廣即請霸陵尉與俱至軍而斬之廣居右北平匈奴聞之號曰漢之飛將軍避之數歲不敢入右北平廣出獵見草中石以爲虎而射之中石沒鏃視之石也因復更射之終不能復入石矣廣所居郡聞有虎嘗自射之及居右北

平射虎虎騰傷廣廣亦竟射殺之廣廉得賞賜輒分其麾下飲食與士共之終廣之身爲二千石四十餘年家無餘財終不言家產事廣爲人長猨臂其善射亦天性也雖其子孫他人學者莫能及廣廣訥口少言與人居則畫地爲軍陳射闊狹以飲專以射爲戲竟死廣之將兵乏絶之處見水士卒不盡飲廣不近水士卒不盡食廣不嘗食寬緩不苛士以此愛樂爲用其射見敵急非在數十步之內度不中不發發即應弦而倒用此其將兵數困辱其射猛獸亦爲所傷

云居頃之石建卒於是上召廣代建為郎中令元朔六年廣復為後將軍從大將軍軍出定襄擊匈奴諸將多中首虜率以功為侯者而廣軍無功後三歲廣以郎中令將四千騎出右北平博望侯張騫將萬騎與廣俱異道行可數百里匈奴左賢王將四萬騎圍廣廣軍士皆恐廣乃使其子敢往馳之敢獨與數十騎馳直貫胡騎出其左右而還告廣曰胡虜易與耳軍士乃安廣為圜陳外嚮胡急擊之矢下如雨漢兵死者過半漢矢且盡廣乃令士持滿毋發而廣身自

以大黃射其裨將殺數人胡虜益解會日暮吏士皆無人色而廣意氣自如益治軍軍中自是服其勇也明日復力戰而博望侯軍亦至匈奴軍乃解去漢軍罷弗能追是時廣軍幾沒罷歸漢法博望侯留遲後期當死贖為庶人廣軍功自如無賞初廣之從弟李蔡與廣俱事孝文帝景帝時蔡積功勞至二千石孝武帝時至代相以元朔五年為輕車將軍從大將軍擊右賢王有功中率封為樂安侯元狩二年中代公孫弘為丞相蔡為人在下中名聲出廣下甚遠然廣

不得爵邑官不過九卿而蔡為列侯位至三公諸廣之軍吏及士卒或取封侯廣嘗與望氣王朔燕語曰自漢擊匈奴而廣未嘗不在其中而諸部校尉以下才能不及中人然以擊胡軍功取侯者數十人而廣不為後人然無尺寸之功以得封邑者何也豈吾相不當侯耶且固命也朔曰將軍自念豈嘗有所恨乎廣曰吾嘗為隴西守羌嘗反吾誘而降降者八百餘人吾詐而同日殺之至今大恨獨此耳朔曰禍莫大於殺已降此乃將軍所以不得侯者也後二歲大將

軍驃騎將軍大出擊匈奴廣數自請行天子以
為老弗許良久乃許之以為前將軍是歲元狩
四年也廣既從大將軍青擊匈奴既出塞青捕
虜知單于所居乃自以精兵走之而令廣并於
右將軍軍出東道東道少回遠而大軍行水草
少其勢不屯行廣自請曰臣部為前將軍今大
將軍乃徙令臣出東道且臣結髮而與匈奴戰
今乃一得當單于臣願居前先死單于大將軍
青亦陰受上誡以為李廣老數奇毋令當單于
恐不得所欲而是時公孫敖新失侯為中將軍

從大將軍大將軍亦欲使敖與俱當單于故徙前將軍廣廣時知之固自辭於大將軍大將軍不聽令長史封書與廣之莫府曰急詣部如書廣不謝大將軍而起行意甚慍怒而就部引兵與右將軍食其合軍出東道軍亡導或失道後大將軍大將軍與單于接戰單于遁走弗能得而還南絕幕遇前將軍右將軍廣已見大將軍還入軍大將軍使長史持糒醪遺廣因問廣食其失道狀青欲上書報天子軍曲折廣未對大將軍使長史急責廣之莫府對簿廣曰諸校尉

無罪乃我自失道吾今自上簿至莫府廣謂其麾下曰廣結髮與匈奴大小七十餘戰今幸從大將軍出接單于兵而大將軍又徙廣部行回遠而又迷失道豈非天哉且廣年六十餘矣終不能復對刀筆之吏遂引刀自剄廣軍士大夫一軍皆哭百姓聞之知與不知無老壯皆為垂涕而右將軍獨下吏當死贖為庶人廣子三人曰當戶椒敢為郎天子與韓嫣戲嫣少不遜當戶擊嫣嫣走於是天子以為勇當戶早死拜椒為代郡太守皆先廣死當戶有遺腹子名陵廣

孺晋
延

死軍時敢從驃騎將軍廣死明年李蔡以丞相坐侵孝景園壖地當下吏治蔡亦自殺不對獄國除李敢以校尉從驃騎將軍擊胡左賢王力戰奪左賢王鼓旗斬首多賜爵關內侯食邑二百户代廣為郎中令頃之怨大將軍青之恨其父乃擊傷大將軍大將軍匿諱之居無何敢從上雍至甘泉宮獵驃騎將軍去病與青有親射殺敢去病時方貴幸上諱云鹿觸殺之居歲餘去病死而敢有女為太子中人愛幸敢男禹有寵於太子然好利李氏陵遲衰微矣以下刪

太史公曰傳曰其身正不令而行其身不正雖令不從其李將軍之謂也余睹李將軍悛悛如鄙人口不能道辭及死之日天下知與不知皆爲盡哀彼其忠實心誠信於士大夫也諺曰桃李不言下自成蹊此言雖小可以喻大也

## 刺客傳 聶政 荆軻

聶政者軹深井里人也殺人避仇與毋姊如齊以屠爲事久之濮陽嚴仲子事韓哀侯與韓相俠累有郤嚴仲子恐誅亡去游求人可以報俠累者至齊齊人或言聶政勇敢士也避仇隱於

屠者之間嚴仲子至門請數反然後具酒自暢聶政母前酒酣嚴仲子奉黃金百鎰前爲聶政母壽聶政驚怪其厚固謝嚴仲子嚴仲子固進而聶政謝曰臣幸有老母家貧客游以爲狗屠可以旦夕得甘毳以養親親供養備不敢當仲子之賜嚴仲子辟人因爲聶政言曰臣有仇而行游諸侯衆矣然至齊竊聞足下義甚高故進百金者將用爲夫人麤糲之費得以交足下之驩豈敢以有求望邪聶政曰臣所以降志辱身居市井屠者徒幸以養老母老母在政身未敢

以許人也嚴仲子固讓聶政竟不肯受也然嚴仲子卒備賓主之禮而去久之聶政母死既已葬除服聶政曰嗟乎政乃市井之人鼓刀以屠而嚴仲子乃諸侯之卿相也不遠千里枉車騎而交臣臣之所以待之至淺鮮矣未有大功可以稱者而嚴仲子奉百金為親壽我雖不受然是者徒深知政也夫賢者以感忿睚眦之意而親信窮僻之人而政獨安得嘿然而已乎且前日要政政徒以老母老母今以天年終政將為知己者用乃遂西至濮陽見嚴仲子曰前日所

以不許仲子者徒以親在今不幸而母以天年終仲子所欲報仇者為誰請得從事焉嚴仲子具告曰臣之仇韓相俠累俠累又韓君之季父也宗族盛多居處兵衛甚設臣欲使人刺之衆終莫能就今足下幸而不棄請益其車騎壯士可為足下輔翼者聶政曰韓之與衛相去中間不甚遠今殺人之相相又國君之親此其勢不可以多人多人不能無生得失生得失則語泄語泄是韓舉國而與仲子為讎豈不殆哉遂謝車騎人徒聶政乃辭獨行杖劍至韓韓相俠累

榮一作嫈

方坐府上持兵戟而衛侍者甚衆聶政直入上階刺殺俠累左右大亂聶政大呼所擊殺者數十人因自皮面決眼自屠出腸遂以死韓取聶政屍暴於市購問莫知誰子於是韓購縣之有能言殺相俠累者予千金久之莫知也政姊榮聞人有刺殺韓相者賊不得國不知其名姓暴其屍而縣之千金乃於邑曰其是吾弟與嗟乎嚴仲子知吾弟立起如韓之市而死者果政也伏屍哭極哀曰是軹深井里所謂聶政者也市行者諸衆人皆曰此人暴虐吾國相王縣購其

名姓千金夫人不聞與何敢來識之也榮應之曰聞之然政所以蒙污辱自棄於市販之間者爲老母幸無恙妾未嫁也親既以天年下世妾已嫁夫嚴仲子乃察擧吾弟困污之中而交之澤厚矣可奈何士固爲知己者死今乃以妾尚在之故重自刑以絶從妾其奈何畏殁身之誅終滅賢弟之名大驚韓市人乃大呼天者三卒於邑悲哀而死政之旁晉楚齊衛聞之皆曰非獨政能也乃其姊亦烈女也鄉使政誠知其姊無濡忍之志不重暴骸之難必絶險千里以列

其名姊弟俱僇於韓市者亦未必敢以身許嚴仲子也嚴仲子亦可謂知人能得士矣其後二百二十餘年秦有荊軻之事

荊軻者衛人也其先乃齊人徙於衛衛人謂之慶卿而之燕燕人謂之荊卿荊卿好讀書擊劍以術說衛元君衛元君不用其後秦伐魏置東郡徙衛元君之支屬於野王荊軻嘗游過楡次與蓋聶論劍蓋聶怒而目之荊軻出人或言復召荊卿蓋聶曰曩者吾與論劍有不稱者吾目之試往是宜去不敢留使使往之主人荊卿則

已駕而去榆次矣使者還報蓋聶曰固去也吾曩者目攝之荊軻游於邯鄲魯句踐與荊軻博爭道魯句踐怒而叱之荊軻嘿而逃去遂不復會荊軻既至燕愛燕之狗屠及善擊筑者高漸離荊軻嗜酒日與狗屠及高漸離飮於燕市酒酣以往高漸離擊筑荊軻和而歌於市中相樂也已而相泣旁若無人者荊軻雖游於酒人乎然其爲人沈深好書其所游諸侯盡與其賢豪長者相結其之燕燕之處士田光先生亦善待之知其非庸人也居頃之會燕太子丹質秦亡

歸燕燕太子丹者故嘗質於趙而秦王政生於趙其少時與丹驩及政立爲秦王而丹質於秦秦王之遇燕太子丹不善故丹怨而亡歸歸而求爲報秦王者國小力不能其後秦日出兵山東以伐齊楚三晉稍蠶食諸侯且至於燕燕君臣皆恐禍之至太子丹患之問其傅鞠武武對曰秦地徧天下威脅韓魏趙氏北有甘泉谷口之固南有涇渭之沃擅巴漢之饒右隴蜀之山左關殽之險民衆而士厲兵革有餘意有所出則長城之南易水以北未有所定也奈何以見

陵之怨欲批其逆鱗哉丹曰然則何由對曰請入圖之居有間秦將樊於期得罪於秦王亡之燕太子受而舍之鞠武諫曰不可夫以秦王之暴而積怒於燕足爲寒心又況聞樊將軍之所在乎是謂委肉當餓虎之蹊也禍必不振矣雖有管晏不能爲之謀也願太子疾遣樊將軍入匈奴以滅口請西約三晉南連齊楚北購於單于其後迺可圖也太子曰太傅之計曠日彌久心惛然恐不能須臾且非獨於此也夫樊將軍窮困於天下歸身於丹丹終不以迫於彊秦而

蔽音撇

棄所哀憐之交置之匈奴是固丹命卒之時也願太傅更慮之鞠武曰夫行危欲求安造禍而求福計淺而怨深連結一人之後交不顧國家之大害此謂資怨而助禍矣夫以鴻毛燎於爐炭之上必無事矣且以鵰鷙之秦行怨暴之怒豈足道哉燕有田光先生其為人智深而勇沉可與謀太子曰願因太傅而得交於田先生可乎鞠武曰敬諾出見田先生道太子願圖國事於先生也田光曰敬奉教乃造焉太子逢迎卻行為導跪而蔽席田光坐定左右無人太子避

席而請曰燕秦不兩立願先生留意也田光曰臣聞騏驥盛壯之時一日而馳千里至其衰老駑馬先之今太子聞光盛壯之時不知臣精已消亡矣雖然光不敢以圖國事所善荊卿可使也太子曰願因先生得結交於荊卿可乎田光曰敬諾即起趨出太子送至門戒曰丹所報先生所言者國之大事也願先生勿泄也田光俛而笑曰諾僂行見荊卿曰光與子相善燕國莫不知今太子聞光壯盛之時不知吾形已不逮也幸而教之曰燕秦不兩立願先生留意也光

竊不自外言足下於太子也願足下過太子於宮荊軻曰謹奉教田光曰吾聞之長者爲行不使人疑之今太子告光曰所言者國之大事也願先生勿泄是太子疑光也夫爲行而使人疑之非節俠也欲自殺以激荊卿曰願足下急過太子言光已死明不言也因遂自刎而死荊軻遂見太子言田光已死致光之言太子再拜而跪膝行流涕有頃而後言曰丹所以誡田先生毋言者欲以成大事之謀也今田先生以死明不言豈丹之心哉荊軻坐定太子避席頓首曰

田先生不知丹之不肖使得至前敢有所道此天之所以哀燕而不棄其孤也今秦有貪利之心而欲不可足也非盡天下之地臣海内之王者其意不厭今秦已虜韓王盡納其地又舉兵南伐楚北臨趙王翦將數十萬之衆距漳鄴而李信出太原雲中趙不能支秦必入臣入臣則禍至燕燕小弱數困於兵今計舉國不足以當秦諸侯服秦莫敢合從丹之私計愚以為誠得天下之勇士使於秦闚以重利秦王貪其勢必得所願矣誠得劫秦王使悉反諸侯侵地若曹

沫之與齊桓公則大善矣則不可因而刺殺之
彼秦大將擅兵於外而內有亂則君臣相疑以
其間諸侯得合從其破秦必矣此丹之上願而
不知所委命唯荊卿留意焉久之荊軻曰此國
之大事也臣駑下恐不足任使太子前頓首固
請毋讓然後許諾於是尊荊卿為上卿舍上舍
太子日造門下供太牢具異物間進車騎美女
恣荊軻所欲以順適其意久之荊軻未有行意
秦將王翦破趙虜趙王盡收入其地進兵北略
地至燕南界太子丹恐懼乃請荊軻曰秦兵旦

暮渡易水則雖欲長侍足下豈可得哉荊軻曰微太子言臣願謁之今行而毋信則秦未可親也夫樊將軍秦王購之金千斤邑萬家誠得樊將軍首與燕督亢之地圖奉獻秦王秦王必說見臣臣乃得有以報太子曰樊將軍窮困來歸丹丹不忍以己之私而傷長者之意願足下更慮之荊軻知太子不忍乃遂私見樊於期曰秦之遇將軍可謂深矣父母宗族皆為戮沒今聞購將軍首金千斤邑萬家將奈何於期仰天太息流涕曰於期每念之常痛於骨髓顧計不知

所出耳荆軻曰今有一言可以解燕國之患報將軍之仇者何如於期乃前曰為之奈何荆軻曰願得將軍之首以獻秦王秦王必喜而見臣臣左手把其袖右手揕其胷然則將軍之仇報而燕見陵之愧除矣將軍豈有意乎樊於期偏袒搤捥而進曰此臣之日夜切齒腐心也乃今得聞教遂自剄太子聞之馳往伏屍而哭極哀既已不可奈何乃遂盛樊於期首函封之於是太子豫求天下之利匕首得趙人徐夫人匕首取之百金使工以藥焠之以試人血濡縷人無

不立死者乃裝爲遣荊卿燕國有勇士秦舞陽年十三殺人人不敢忤視乃令秦舞陽爲副荊軻有所待欲與俱其人居遠未來而爲治行頃之未發太子遲之疑其改悔乃復請曰日已盡矣荊卿豈有意哉丹請得先遣秦舞陽荊軻怒叱太子曰何太子之遣往而不反者豎子也且提一匕首入不測之彊秦僕所以留者待吾客與俱今太子遲之請辭決矣遂發太子及賓客知其事者皆白衣冠以送之至易水之上既祖取道高漸離擊筑荊軻和而歌爲變徵之聲士

皆垂淚涕泣又前而歌曰風蕭蕭兮易水寒壯士一去兮不復還復為羽聲忼慨士皆瞋目髮盡上指冠於是荊軻就車而去終已不顧遂至秦持千金之資幣物厚遺秦王寵臣中庶子蒙嘉嘉為先言於秦王曰燕王誠振怖大王之威不敢舉兵以逆軍吏願舉國為內臣比諸侯之列給貢職如郡縣而得奉守先王之宗廟恐懼不敢自陳謹斬樊於期之頭及獻燕督亢之地圖函封燕王拜送于庭使使以聞大王唯大王命之秦王聞之大喜乃朝服設九賓見燕使者

咸陽宮荊軻奉樊於期頭函而秦舞陽奉地圖
匣以次進至陛秦舞陽色變振恐羣臣怪之荊
軻顧笑舞陽前謝曰北蕃蠻夷之鄙人未嘗見
天子故振慴願大王少假借之使得畢使於前
秦王謂軻曰取舞陽所持地圖軻既取圖奏之
秦王發圖圖窮而匕首見因左手把秦王之袖
而右手持匕首揕之未至身秦王驚自引而起
袖絶拔劍劍長操其室時惶急劍堅故不可立
拔荊軻逐秦王秦王環柱而走羣臣皆愕卒起
不意盡失其度而秦法羣臣侍殿上者不得持

尺寸之兵諸郎中執兵皆陳殿下非有詔召不得上方急時不及召下兵以故荊軻乃逐秦王而卒惶急無以擊軻而以手共搏之是時侍醫夏無且以其所奉藥囊提荊軻也秦王方環柱走卒惶急不知所爲左右乃曰王負劍負劍遂拔以擊荊軻斷其左股荊軻廢乃引其匕首以擿秦王不中中銅柱秦王復擊軻軻被八創軻自知事不就倚柱而笑箕倨以罵曰事所以不成者以欲生劫之必得約契以報太子也於是左右既前殺軻秦王不怡者良久已而論功賞

羣臣及當坐者各有差而賜夏無且黃金二百
鎰曰無且愛我乃以藥囊提荊軻也於是秦王
大怒益發兵詣趙詔王翦軍以伐燕十月而拔
薊城燕王喜太子丹等盡率其精兵東保於遼
東秦將李信追擊燕王急代王嘉乃遺燕王喜
書曰秦所以尤追燕急者以太子丹故也今王
誠殺丹獻之秦王秦王必解而社稷幸得血食
其後李信追丹丹匿衍水中燕王乃使使斬太
子丹欲獻之秦秦復進兵攻之後五年秦卒滅
燕虜燕王喜其明年秦并天下立號爲皇帝於

是秦逐太子丹荊軻之客皆亡高漸離變名姓
為人庸保匿作於宋子久之作苦聞其家堂上
客擊筑傍偟不能去每出言曰彼有善有不善
從者以告其主曰彼庸乃知音竊言是非家丈
人召使前擊筑一坐稱善賜酒而高漸離念久
隱畏約無窮時乃退出其裝匣中筑與其善衣
更容貌而前舉坐客皆驚下與抗禮以為上客
使擊筑而歌客無不流涕而去者宋子傳客之
聞於秦始皇秦始皇召見人有識者乃曰高漸
離也秦皇帝惜其善擊筑重赦之乃矐其目使

擊筑未嘗不稱善稍益近之高漸離乃以鉛置筑中復進得近舉筑朴秦皇帝不中於是遂誅高漸離終身不復近諸侯之人魯句踐已聞荆軻之刺秦王私曰嗟乎惜哉其不講於刺劒之術也甚矣吾不知人也曩者吾叱之彼乃以我爲非人也

太史公曰世言荆軻其稱太子丹之命天雨粟馬生角也太過又言荆軻傷秦王皆非也始公孫季功董生與夏無且游具知其事爲余道之如是自曹沫至荆軻五人此其義或成或不成

然其立意較然不欺其志名垂後世豈妄也哉

## 游俠傳

魯朱家　劇孟　郭解

韓子曰儒以文亂法而俠以武犯禁二者皆譏而學士多稱於世云至如以術取宰相卿大夫輔翼其世主功名俱著於春秋固無可言者及若季次原憲閭巷人也讀書懷獨行君子之德義不苟合當世當世亦笑之故季次原憲終身空室蓬戶褐衣疏食不厭死而已四百餘年而弟子志之不倦今游俠其行雖不軌於正義然其言必信其行必果已諾必誠不愛其軀赴士

之阨困既已存亡死生矣而不矜其能羞伐其德蓋亦有足多者焉且緩急人之所時有也太史公曰昔者虞舜窘於井廩伊尹負於鼎俎傅說匿於傅險呂尚困於棘津夷吾桎梏百里飯牛仲尼畏匡菜色陳蔡此皆學士所謂有道仁人也猶然遭此菑況以中材而涉亂世之末流乎其遇害何可勝道哉鄙人有言曰何知仁義已饗其利者為有德故伯夷醜周餓死首陽山而文武不以其故貶王跖蹻暴戾其徒誦義無窮由此觀之竊鉤者誅竊國者侯侯之門仁義

存非虛言也今拘學或抱咫尺之義久孤於世豈若卑論儕俗與世沈浮而取榮名哉而布衣之徒設取予然諾千里誦義為死不顧世此亦有所長非苟而已也故士窮窘而得委命此豈非人之所謂賢豪閒者邪誠使鄉曲之俠與季次原憲比權量力效功於當世不同日而論矣要以功見言信俠客之義又曷可少哉古布衣之俠靡得而聞已近世延陵孟嘗春申平原信陵之徒皆因王者親屬藉於有土卿相之富厚招天下賢者顯名諸侯不可謂不賢者矣比如

順風而呼聲非加疾其勢激也至如閭巷之俠脩行砥名聲施於天下莫不稱賢是爲難耳然儒墨皆排擯不載自秦以前匹夫之俠湮滅不見余甚恨之以余所聞漢興有朱家田仲王公劇孟郭解之徒雖時扞當世之文罔然其私義廉潔退讓有足稱者名不虛立士不虛附至如朋黨宗彊比周設財役貧豪暴侵陵孤弱恣欲自快游俠亦醜之余悲世俗不察其意而猥以朱家郭解等令與暴豪之徒同類而共笑之也

魯朱家者與高祖同時魯人皆以儒教而朱家

用俠間所藏活豪士以百數其餘庸人不可勝言然終不伐其能歆其德諸所嘗施唯恐見之振人不贍先從貧賤始家無餘財衣不完采食不重味乘不過軥牛專趨人之急甚己之私既陰脫季布將軍之阨及布尊貴終身不見也自關以東莫不延頸願交焉楚田仲以俠聞喜劍父事朱家自以為行弗及田仲已死而雒陽有劇孟周人以商賈為資而劇孟以任俠顯諸侯吳楚反時條侯為太尉乘傳車將至河南得劇孟喜曰吳楚舉大事而不求孟吾知其無能為

已矣天下騷動宰相得之若得一敵國云劇孟
行大類朱家而好博多少年之戲然劇孟母死
自遠方送喪蓋千乘及劇孟死家無餘十金之
財而符離人王孟亦以俠稱江淮之間是時濟
南瞯氏陳周庸亦以豪聞景帝聞之使使盡誅
此屬其後代諸白梁韓無辟陽翟薛況陝韓孺
紛紛復出焉

郭解軹人也字翁伯善相人者許負外孫也解
父以任俠孝文時誅死解為人短小精悍不飲
酒少時陰賊慨不快意身所殺甚衆以軀借交

嚼音爵

報仇藏命作姦剽攻不休及鑄錢掘冢固不可勝數適有天幸窘急常得脫若遇赦及解年長更折節為儉以德報怨厚施而薄望然其自喜為俠益甚既已振人之命不矜其功其陰賊著於心卒發於睚眦如故云而少年慕其行亦輒為報仇不使知也解姊子負解之勢與人飲使之嚼非其任彊必灌之人怒拔刀刺殺解姊子亡去解姊怒曰以翁伯之義人殺吾子賊不得棄其尸於道弗葬欲以辱解解使人微知賊處賊窘自歸具以實告解解曰公殺之固當吾兒

不直遂去其賊罪其姊子乃收而葬之諸公聞之皆多解之義益附焉解出入人皆避之有一人獨箕倨視之解遣人問其名姓客欲殺之解曰居邑屋至不見敬是吾德不脩也彼何罪乃陰屬尉史曰是人吾所急也至踐更時脫之每至踐更數過吏弗求怪之問其故乃解使脫之箕倨者乃肉袒謝罪少年聞之愈益慕解之行雒陽人有相仇者邑中賢豪居間者以十數終不聽客乃見郭解解夜見仇家仇家曲聽解解乃謂仇家曰吾聞雒陽諸公在此間多不聽者

今子幸而聽解解奈何乃從他縣奪人邑中賢
大夫權乎乃夜去不使人知曰且無用待我待
我去令雒陽豪居其間乃聽之解執恭敬不敢
乘車入其縣廷之旁郡國為人請求事事可出
出之不可者各厭其意然後乃敢嘗酒食諸公
以故嚴重之爭為用邑中少年及旁近縣賢豪
夜半過門常十餘車請得解客舍養之及徙豪
富茂陵也解家貧不中訾吏恐不敢不徙衛將
軍為言郭解家貧不中徙上曰布衣權至使將
軍為言此其家不貧解家遂徙諸公送者出千

餘萬軹人楊季主子爲縣掾舉徙解解兄子斷楊掾頭由此楊氏與郭氏爲仇解入關關中賢豪知與不知聞其聲爭交驩解解爲人短小不飲酒出未嘗有騎已又殺楊季主楊季主家上書人又殺之闕下上聞乃下吏捕解解亡置其母家室夏陽身至臨晋臨晋籍少公素不知解解冒因求出關籍少公已出解解轉入太原所過輒告主人家吏逐之跡至籍少公少公自殺口絶久之乃得解窮治所犯爲解所殺皆在赦前軹有儒生侍使者坐客譽郭解生曰郭解專

以姦犯公法何謂賢解客聞殺此生斷其舌吏以此責解解實不知殺者殺者亦竟絕莫知為誰吏奏解無罪御史大夫公孫弘議曰解布衣為任俠行權以睚眦殺人解雖弗知此罪甚於解殺之當大逆無道遂族郭解翁伯自是之後為俠者極衆敖而無足數者然關中長安樊仲子槐里趙王孫長陵高公子西河郭公仲太原鹵公孺臨淮兒長卿東陽田君孺雖為俠而逡逡有退讓君子之風至若北道姚氏西道諸杜南道仇景東道趙他羽公子南陽趙調之徒此

盜跖居民間者耳曷足道哉此乃鄕者朱家之羞也

太史公曰吾視郭解狀貌不及中人言語不足採者然天下無賢與不肖知與不知皆慕其聲言俠者皆引以爲名諺曰人貌榮名豈有既乎於戲惜哉

史記英選卷之五

# 史記英選卷之六

## 滑稽傳 淳于髡 優孟 優旃

孔子曰六藝於治一也禮以節人樂以發和書以道事詩以達意易以神化春秋以道義太史公曰天道恢恢豈不大哉談言微中亦可以解紛

淳于髡者齊之贅壻也長不滿七尺滑稽多辯數使諸侯未嘗屈辱齊威王之時喜隱好爲淫樂長夜之飲沈湎不治委政卿大夫百官荒亂諸侯竝侵國且危亡在於旦暮左右莫敢諫淳

于髡說之以隱曰國中有大鳥止王之庭三年不蜚又不鳴王知此鳥何也王曰此鳥不蜚則已一蜚沖天不鳴則已一鳴驚人於是乃朝諸縣令長七十二人賞一人誅一人奮兵而出諸侯振驚皆還齊侵地威行三十六年語在田完世家中威王八年楚大發兵加齊齊王使淳于髡之趙請救兵齎金百斤車馬十駟淳于髡仰天大笑冠纓索絶王曰先生少之乎髡曰何敢王曰笑豈有說乎髡曰今者臣從東方來見道傍有禳田者操一豚蹄酒一盂而祝曰甌窶滿

篝汙邪滿車五穀蕃熟穰穰滿家臣見其所持者狹而所欲者奢故笑之於是齊威王乃益齎黃金千鎰白璧十雙車馬百駟髡辭而行至趙趙王與之精兵十萬革車千乘楚聞之夜引兵而去威王大說置酒後宮召髡賜之酒問曰先生能飲幾何而醉對曰臣飲一斗亦醉一石亦醉威王曰先生飲一斗而醉惡能飲一石哉其說可得聞乎髡曰賜酒大王之前執法在傍御史在後髡恐懼俯伏而飲不過一斗徑醉矣若親有嚴客髡帣韝鞠[illegible]侍酒於前時賜餘瀝奉

觴上壽數起飲不過二斗徑醉矣若朋友交遊久不相見卒然相覩歡然道故私情相語飲可五六斗徑醉矣若乃州閭之會男女雜坐行酒稽留六博投壺相引爲曹握手無罰目眙不禁前有墮珥後有遺簪髡竊樂此飲可八斗而醉二參日暮酒闌合尊促坐男女同席履舃交錯杯盤狼藉堂上燭滅主人留髡而送客羅襦襟解微聞薌澤當此之時髡心最歡能飲一石故曰酒極則亂樂極則悲萬事盡然言不可極極之而衰以諷諫焉齊王曰善乃罷長夜之飲以

髡為諸侯主客宗室置酒髡嘗在側其後百餘年楚有優孟

優孟者故楚之樂人也長八尺多辯常以談笑諷諫楚莊王之時有所愛馬衣以文繡置之華屋之下席以露牀啗以棗脯馬病肥死使羣臣喪之欲以棺槨大夫禮葬之左右爭之以為不可王下令曰有敢以馬諫者罪至死優孟聞之入殿門仰天大哭王驚而問其故優孟曰馬者王之所愛也以楚國堂堂之大何求不得而以大夫禮葬之薄請以人君禮葬之王曰何如對

曰臣請以彫玉為棺文梓為椁楩楓豫章為題湊發甲卒為穿壙老弱負土齊趙陪位於前韓魏翼衛其後廟食太牢奉以萬戶之邑諸侯聞之皆知大王賤人而貴馬也王曰寡人之過一至此乎為之奈何優孟曰請為大王六畜葬之以壠竈為椁銅歷為棺齎以薑棗薦以木蘭祭以粳稻衣以火光葬之於人腹腸於是王乃使以馬屬太官無令天下久聞也楚相孫叔敖知其賢人也善待之病且死屬其子曰我死汝必貧困若往見優孟言我孫叔敖之子也居數年

其子窮困負薪逢優孟與言曰我孫叔敖之子也父且死時屬我貧困往見優孟優孟曰若無遠有所之即為孫叔敖衣冠抵掌談語歲餘像孫叔敖楚王左右不能別也莊王置酒優孟前為壽莊王大驚以為孫叔敖復生也欲以為相優孟曰請歸與婦計之三日而為相莊王許之三日後優孟復來王曰婦言謂何孟曰婦言慎無為楚相不足為也如孫叔敖之為楚相盡忠為廉以治楚楚王得以霸今死其子無立錐之地貧困負薪以自飲食必如孫叔敖不如自殺

因歌曰山居耕田苦難以得食起而為吏身貪鄙者餘財不顧恥辱身死家室富又恐受賕枉法為姦觸大罪身死而家滅貪吏安可為也念為廉吏奉法守職竟死不敢為非廉吏安可為也楚相孫叔敖持廉至死方今妻子窮困負薪而食不足為也於是莊王謝優孟乃召孫叔敖子封之寢丘四百户以奉其祀後十世不絶此知可以言時矣其後二百餘年秦有優旃

優旃者秦倡侏儒也善為笑言然合於大道秦始皇時置酒而天雨陛楯者皆沾寒優旃見而

哀之謂之曰汝欲休乎陛楯者皆曰幸甚優旃曰我即呼汝汝疾應曰諾居有頃殿上上壽呼萬歲優旃臨檻大呼曰陛楯郎郎曰諾優旃曰汝雖長何益幸雨立我雖短也幸休居於是始皇使陛楯者得半相代始皇嘗議欲大苑囿東至函谷關西至雍陳倉優旃曰善多縱禽獸於其中寇從東方來令麋鹿觸之足矣始皇以故輟止二世立又欲漆其城優旃曰善主上雖無言臣固將請之漆城雖於百姓愁費然佳哉漆城蕩蕩寇來不能上即欲就之易爲漆耳顧難

爲舊室於是二世笑之以其故止居無何二世
殺死優旃歸漢數年而卒
太史公曰淳于髡仰天大笑齊威王橫行優孟
搖頭而歌負薪者以封優旃臨檻疾呼陛楯得
以半更豈不亦偉哉

貨殖傳

老子曰至治之極鄰國相望鷄狗之聲相聞民
各甘其食美其服安其俗樂其業至老死不相
往來必用此爲務輓近世塗民耳目則幾無行
矣太史公曰夫神農以前吾不知已至若詩書

所述虞夏以來耳目欲極聲色之好口欲窮芻豢之味身安逸樂而心誇矜勢能之榮使俗之漸民久矣雖戶說以眇論終不能化故善者因之其次利道之其次教誨之其次整齊之最下者與之爭夫山西饒材竹穀纑旄玉石山東多魚鹽漆絲聲色江南出柟梓薑桂金錫連丹沙犀瑇瑁珠璣齒革龍門碣石北多馬牛羊旃裘筋角銅鐵則千里往往山出棊置此其大較也皆中國人民所喜好謠俗被服飲食奉生送死之具也故待農而食之虞而出之工而成之商

而通之此寧有政教發徵期會哉人各任其能竭其力以得所欲故物賤之徵貴貴之徵賤各勸其業樂其事若水之趨下日夜無休時不召而自來不求而民出之豈非道之所符而自然之驗耶周書曰農不出則乏其食工不出則乏其事商不出則三寶絶虞不出則財匱少財匱少而山澤不辟矣此四者民所衣食之原也原大則饒原小則鮮上則富國下則富家貧富之道莫之奪予而巧者有餘拙者不足故太公望封於營丘地潟鹵人民寡於是太公勸其女功

極技巧通魚塩則人物歸之繈至而輻湊故齊冠帶衣履天下海岱之間斂袂而往朝焉其後齊中衰管子修之設輕重九府則桓公以霸九合諸侯一匡天下而管氏亦有三歸位在陪臣富於列國之君是以齊富彊至於威宣也故曰倉廩實而知禮節衣食足而知榮辱禮生於有而廢於無故君子富好行其德小人富以適其力淵深而魚生之山深而獸往之人富而仁義附焉富者得埶益彰失埶則客無所之以而不樂夷狄益甚諺曰千金之子不死於市此非空

壤同穰



言也故曰天下熙熙皆為利來天下壤壤皆為利往夫千乘之王萬家之侯百室之君尚有患貧而況匹夫編戶之民乎

昔者越王勾踐困於會稽之上乃用范蠡計然計然曰知鬪則修備時用則知物二者形則萬貨之情可得而觀已故歲在金穰水毀木饑火旱旱則資舟水則資車物之理也六歲穰六歲旱十二歲一大饑夫糶二十病農九十病末末病則財不出農病則草不辟矣上不過八十下不減三十則農末俱利平糶齊物關市不乏治

國之道也積著之理務完物無息幣以物相貿易腐敗而食之貨勿留無敢居貴論其有餘不足則知貴賤貴上極則反賤賤下極則反貴貴出如糞土賤取如珠玉財幣欲其行如流水修之十年國富厚賂戰士士赴矢石如渴得飲遂報彊吳觀兵中國稱號五霸范蠡既雪會稽之恥乃喟然而歎曰計然之策七越用其五而得意既已施於國吾欲用之家乃乘扁舟浮於江湖變名易姓適齊為鴟夷子皮之陶為朱公朱公以為陶天下之中諸侯四通貨物所交易也

乃治產積居與時逐而不責於人故善治生者能擇人而任時十九年之中三致千金再分散與貧交疏昆弟此所謂富好行其德者也後年衰老而聽子孫子孫修業而息之遂至巨萬故言富者皆稱陶朱公

子贛既學於仲尼退而仕於衛廢著鬻財於曹魯之間七十子之徒賜最為饒益原憲不厭糟糠匿於窮巷子贛結駟連騎束帛之幣以聘享諸侯所至國君無不分庭與之抗禮夫使孔子名布揚於天下者子贛先後之也此所謂得勢

而益彰者乎

白圭周人也當魏文侯時李克務盡地力而白圭樂觀時變故人棄我取人取我與夫歲孰取穀予之絲漆繭出取帛絮與之食太陰在卯穰明歲衰惡至午旱明歲美至酉穰明歲衰惡至子大旱明歲美有水至卯積著率歲倍欲長錢取下穀長石斗取上種能薄飲食忍嗜欲節衣服與用事僮僕同苦樂趨時若猛獸摯鳥之發故曰吾治生產猶伊尹呂尚之謀孫吳用兵商鞅行法是也是故其智不足與權變勇不足以

決斷仁不能以取予彊不能有所守雖欲學吾術終不告之矣蓋天下言治生祖白圭白圭其有所試矣能試有所長非苟而已也

猗頓用盬鹽起而邯鄲郭縱以鐵冶成業與王者埒富

烏氏倮畜牧及衆斥賣求奇繒物間獻遺戎王戎王什倍其償與之畜畜至用谷量馬牛秦始皇帝令倮比封君以時與列臣朝請而巴蜀寡婦清其先得丹穴而擅其利數世家亦不訾清寡婦也能守其業用財自衛不見侵犯秦皇帝

以為貞婦而客之為築女懷清臺夫倮鄙人牧
長清窮鄉寡婦禮抗萬乘名顯天下豈非以富
耶漢興海內為一開關梁弛山澤之禁是以富
商大賈周流天下交易之物莫不通得其所欲
而徙豪傑諸侯彊族於京師關中自汧雍以東
至河華膏壤沃野千里自虞夏之貢以為上田
而公劉適邠太王王季在岐文王作豐武王治
鎬故其民猶有先王之遺風好稼穡殖五穀地
重重為邪及秦文孝繆居雍隙隴蜀之貨物而
多賈獻孝公徙櫟邑櫟邑北卻戎翟東通三晉

僰音北

亦多大賈武昭治咸陽因以漢都長安諸陵四方輻湊並至而會地小人衆故其民益玩巧而事末也南則巴蜀巴蜀亦沃野地饒卮薑丹砂石銅鐵竹木之器南御滇僰僰僮西近邛笮笮馬旄牛然四塞棧道千里無所不通唯褒斜綰轂其口以所多易所鮮天水隴西北地上郡與關中同俗然西有羌中之利北有戎翟之畜畜牧爲天下饒然地亦窮險唯京師要其道故關中之地於天下三分之一而人衆不過什三然量其富什居其六昔唐人都河東殷人都河內

椽同
緣

周人都河南夫三河在天下之中若鼎足王者所更居也建國各數百千歲土地小狹民人衆都國諸侯所聚會故其俗纖儉習事楊平陽陳西賈秦翟北賈種代種代石北也地邊胡數被寇人民矜懻忮好氣任俠為姦不事農商然迫近北夷師旅亟往中國委輸時有奇羡其民羯羠不均自全晉之時固已患其慓悍而武靈王益厲之其謠俗猶有趙之風也故楊平陽陳椽其間得所欲温軹西賈上黨北賈趙中山中山地薄人衆猶有沙丘紂淫地餘民民俗懁急仰

機利而食丈夫相聚游戲悲歌忼慨起則相隨椎剽休則掘冢作巧姦冶多美物為倡優女子則鼓鳴瑟跕屣游媚貴富入後宮徧諸侯然邯鄲亦漳河之間一都會也北通燕涿南有鄭衛鄭衛俗與趙相類然近梁魯微重而矜節濮上之邑徙野王野王好氣任俠衛之風也夫燕亦勃碣之間一都會也南通齊趙東北邊胡上谷至遼東地踔遠人民希數被寇大與趙代俗相類而民雕捍少慮有魚鹽棗栗之饒北鄰烏桓夫餘東綰穢貉朝鮮真番之利

洛陽東賈齊魯南賈梁楚故泰山之陽則魯其陰則齊齊帶山海膏壤千里宜桑麻人民多文綵布帛魚鹽臨菑亦海岱之間一都會也其俗寬緩闊達而足智好議論地重難動搖怯於衆鬬勇於持刺故多劫人者大國之風也其中具五民而鄒魯濱洙泗猶有周公遺風俗好儒備於禮故其民齪齪頗有桑麻之業無林澤之饒地小人衆儉嗇畏罪遠邪及衰好賈趨利甚於周人夫自鴻溝以東芒碭以北屬巨野此梁宋也陶睢陽亦一都會也昔堯作游成陽舜漁於

取音秋

雷澤湯止于亳其俗猶有先王遺風重厚多君子好稼穡雖無山川之饒能惡衣食致其蓄藏越楚則有三俗夫自淮北沛陳汝南南郡此西楚也其俗剽輕易發怒地薄寡於積聚江陵故郢都西通巫巴東有雲夢之饒陳在楚夏之交通魚盬之貨其民多賈徐僮取慮則清刻矜已諾彭城以東東海吳廣陵此東楚也其俗類徐僮朐繒以北俗則齊浙江南則越夫吳自闔廬春申王濞三人招致天下之喜游子弟東有海盬之饒章山之銅三江五湖之利亦江東一都

會也衡山九江江南豫章長沙是南楚也其俗
大類西楚郢之後徙壽春亦一都會也而合肥
受南北潮皮革鮑木輸會也與閩中于越雜俗
故南楚好辭巧說少信江南卑溼丈夫早夭多
竹木豫章出黃金長沙出連錫然堇堇物之所
有取之不足以更費九疑蒼梧以南至儋耳者
與江南大同俗而揚越多焉番禺亦其一都會
也珠璣犀瑇瑁果布之湊
潁川南陽夏人之居也夏人政尚忠朴猶有先
王之遺風潁川敦愿秦末世遷不軌之民於南

隋同蓏 呰音紫

陽南陽西通武關鄖關東南受漢江淮宛亦一都會也俗雜好事業多賈其任俠交通潁川故至今謂之夏人夫天下物所鮮所多人民謠俗山東食海鹽山西食鹽鹵嶺南沙北固往往出鹽大體如此矣總之楚越之地地廣人希飯稻羹魚或火耕而水耨果隋蠃蛤不待賈而足地勢饒食無饑饉之患以故呰窳偷生無積聚而多貧是故江淮以南無凍餓之人亦無千金之家沂泗水以北宜五穀桑麻六畜地小人衆數被水旱之害民好畜藏故秦夏梁魯好農而重

揳同戛

民三河宛陳亦然加以商賈齊趙設智巧仰機
利燕代田畜而事蠶由此觀之賢人深謀於廊
廟論議朝廷守信死節隱居巖穴之士設為名
高者安歸乎歸於富厚也是以廉吏久久更富
廉賈歸富富者人之情性所不學而俱欲者也
故壯士在軍攻城先登陷陳却敵斬將搴旗前
蒙矢石不避湯火之難者為重賞使也其在閭
巷少年攻剽椎埋劫人作姦掘冢鑄幣任俠并
兼借交報仇篡逐幽隱不避法禁走死地如騖
其實皆為財用耳今夫趙女鄭姬設形容揳鳴

琴揄長袂躡利屣目挑心招出不遠千里不擇老少者奔富厚也游閑公子飾冠劍連車騎亦爲富貴容也弋射漁獵犯晨夜冒霜雪馳阬谷不避猛獸之害爲得味也博戲馳逐鬪雞走狗作色相矜必爭勝者重失負也醫方諸食技術之人焦神極能爲重糈也吏士舞文弄法刻章僞書不避刀鋸之誅者沒於賂遺也農工商賈畜長固求富益貨也此有知盡能索耳終不餘力而讓財矣諺曰百里不販樵千里不販糴居之一歲種之以穀十歲樹之以木百歲來之以

萩同楸

德德者人物之謂也今有無秩祿之奉爵邑之入而樂與之比者命曰素封封者食租稅歲率户二百千户之君則二十萬朝覲聘享出其中庶民農工商賈率亦歲萬息二千户百萬之家則二十萬而更徭租賦出其中衣食之欲恣所好美矣故曰陸地牧馬二百蹄牛蹄角千千足羊澤中千足彘水居千石魚陂山居千章之材安邑千樹棗燕秦千樹栗蜀漢江陵千樹橘淮北常山已南河濟之間千樹萩陳夏千畝漆齊魯千畝桑麻渭川千畝竹及名國萬家之城帶

郭千畝畝鍾之田若千畝卮茜千畦薑韭此其
人皆與千户侯等然是富給之資也不窺市井
不行異邑坐而待收身有處士之義而取給焉
若至家貧親老妻子軟弱歲時無以祭祀進醵
飲食被服不足以自通如此不慙恥則無所比
矣是以無財作力少有鬬智既饒爭時此其大
經也今治生不待危身取給則賢人勉焉是故
本富爲上末富次之姦富最下無巖處奇士之
行而長貧賤好語仁義亦足羞也
凡編户之民富相什則卑下之伯則畏憚之千

瓨同甀　髤音休　躈音料　荅一作瓵

則役萬則僕物之理也夫用貧求富農不如工工不如商刺繡文不如倚市門此言末業貧者之資也通邑大都酤一歲千釀醯醬千瓨醬千甔屠牛羊彘千皮販穀糶千鍾薪稾千車船長千丈木千章竹竿萬个其軺車百乘牛車千兩木器髤者千枚銅器千鈞素木鐵器若卮茜千石馬蹄躈千牛千足羊彘千雙僮手指千筋角丹沙千斤其帛絮細布千鈞文采千匹榻布皮革千石漆千斗糱麴鹽豉千荅鮐鮆千斤鮿千石鮑千鈞棗栗千石者三之狐鼦裘千皮羔羊

褁千石旃席千具佗果菜千鍾子貸金錢千貫節駔會貪賈三之廉賈五之此亦比千乘之家其大率也佗雜業不中什二則非吾財也請略道當世千里之中賢人所以富者令後世得以觀擇焉

蜀卓氏之先趙人也用鐵冶富秦破趙遷卓氏卓氏見虜略獨夫妻推輦行詣遷處諸遷虜少有餘財爭與吏求近處處葭萌唯卓氏曰此地狹薄吾聞汶山之下沃野下有蹲鴟至死不饑民工於市易賈乃求遠遷致之臨邛大喜即鐵

山鼓鑄運籌筞傾滇蜀之民富至僮千人田池射獵之樂擬於人君

程鄭山東遷虜也亦冶鑄賈椎髻之民富埒卓氏俱居臨邛

宛孔氏之先梁人也用鐵冶爲業秦伐魏遷孔氏南陽大鼓鑄規陂池連車騎游諸侯因通商賈之利有游閑公子之賜與名然其贏得過當愈於纖嗇家致富數千金故南陽行賈盡法孔氏之雍容魯人俗儉嗇而曹邴氏尤甚以鐵冶起富至巨萬然家自父兄子孫約俛有拾仰有

取貰貸行賈徧郡國鄒魯以其故多去文學而趨利者以曹邴氏也

齊俗賤奴虜而刁間獨愛貴之桀黠奴人之所患也唯刁間收取使之逐魚塩商賈之利或連車騎交守相然愈益任之終得其力起富數千萬故曰寧爵毋刁言其能使豪奴自饒而盡其力周人既纖而師史尤甚轉轂以百數賈郡國無所不至洛陽街居在齊秦楚趙之中貧人學事富家相矜以久賈數過邑不入門設任此等故師史能致七千萬

宣曲任氏之先為督道倉吏秦之敗也豪傑皆爭取金玉而任氏獨窖倉粟楚漢相距滎陽也民不得耕種米石至萬而豪傑金玉盡歸任氏任氏以此起富富人爭奢侈而任氏折節為儉力田畜田畜人爭取賤賈任氏獨取貴善富者數世然任公家約非田畜所出弗衣食公事不畢則身不得飲酒食肉以此為閭里率故富而主上重之塞之斥也唯橋姚已致馬千匹牛倍之羊萬頭粟以萬鍾計吳楚七國兵起時長安中列侯封君行從軍旅齎貸子錢子錢家以為

侯邑國在關東關東成敗未決莫肯與唯無鹽氏出捐千金貸其息什之三月吳楚平一歲之中則無鹽氏之息什倍用此富埒關中關中富商大賈大抵盡諸田田嗇田蘭韋家栗氏安陵杜杜氏亦巨萬此其章章尤異者也皆非有爵邑奉祿弄法犯姦而富盡椎埋去就與時俯仰獲其贏利以末致財用本守之以武一切用文持之變化有概故足術也若至力農畜工虞商賈爲權利以成富大者傾郡中者傾縣下者傾鄉里者不可勝數夫纖嗇筋力治生之正道也

洒音洗

而富者必用奇勝田農拙業而秦陽以蓋一州掘冢姦事也而曲叔以起博戲惡業也而桓發用之富行賈丈夫賤行也而雍樂成以饒販脂辱處也而雍伯千金賣漿小業也而張氏千萬洒削薄技也而郅氏鼎食胃脯簡微耳濁氏連騎馬醫淺方張里擊鍾此皆誠壹之所致由是觀之富無經業則貨無常主能者輻湊不肖者瓦解千金之家比一都之君巨萬者乃與王者同樂豈所謂素封者邪非也

## 太史公自序

昔在顓頊命南正重以司天北正黎以司地唐虞之際紹重黎之後使復典之至于夏商故重黎氏世序天地其在周程伯休甫其後也當周宣王時失其守而為司馬氏司馬氏世典周史惠襄之間司馬氏去周適晉晉中軍隨會奔秦而司馬氏入少梁自司馬氏去周適晉分散或在衛或在趙或在秦其在衛者相中山在趙者以傳劒論顯蒯聵其後也在秦者名錯與張儀爭論於是惠王使錯將伐蜀遂拔因而守之錯孫靳事武安君白起而少梁更名曰夏陽靳與

武安君阬趙長平軍還而與之俱賜死杜郵葬於華池靳孫昌昌為秦主鐵官當始皇之時蒯聵玄孫卬為武信君將而徇朝歌諸侯之相王王卬於殷漢之伐楚卬歸漢以其地為河內郡昌生無澤無澤為漢市長無澤生喜喜為五大夫卒皆葬高門喜生談談為太史公太史公學天官於唐都受易於楊何習道論於黃子太史公仕於建元元封之間愍學者之不達其意而師悖乃論六家之要指曰易大傳天下一致而百慮同歸而殊塗夫陰陽儒墨名法道德此務

為治者也直所從言之異路有省不省耳嘗竊觀陰陽之術大祥而衆忌諱使人拘而多所畏然其序四時之大順不可失也儒者博而寡要勞而少功是以其事難盡從然其序君臣父子之禮列夫婦長幼之別不可易也墨者儉而難遵是以其事不可徧循然其彊本節用不可廢也法家嚴而少恩然其正君臣上下之分不可改矣名家使人儉而善失真然其正名實不可不察也道家使人精神專一動合無形贍足萬物其為術也因陰陽之大順采儒墨之善撮名

法之要與時遷移應物變化立俗施事無所不宜指約而易操事少而功多儒者則不然以為人主天下之儀表也主倡而臣和主先而臣隨如此則主勞而臣逸至於大道之要去健羨絀聰明釋此而任術夫神大用則竭形大勞則敝形神騷動欲與天地長久非所聞也夫陰陽四時八位十二度二十四節各有教令順之者昌逆之者不死則亡未必然也故曰使人拘而多畏夫春生夏長秋收冬藏此天道之大經也弗順則無以為天下綱紀故曰四時之大順不可

失也夫儒者以六藝爲法六藝經傳以千萬數累世不能通其學當年不能究其禮故曰博而寡要勞而少功若夫列君臣父子之禮序夫婦長幼之別雖百家弗能易也墨者亦尙堯舜道言其德行曰堂高三尺土階三等茅茨不翦采椽不刮食土簋啜土刑糲粱之食藜藿之羹夏日葛衣冬日鹿裘其送死桐棺三寸擧音不盡其哀敎喪禮必以此爲萬民之率使天下法若此則尊卑無別也夫世異時移事業不必同故曰儉而難遵要曰彊本節用則人給家足之道

也此墨子之所長雖百家弗能廢也法家不别
親踈不殊貴賤一斷於法則親親尊尊之恩絶
矣可以行一時之計而不可長用也故曰嚴而
少恩若尊主卑臣明分職不得相踰越雖百家
弗能改也名家苛察繳繞使人不得反其意專
决於名而失人情故曰使人儉而善失真若夫
控名責實參伍不失此不可不察也道家無為
又曰無不為其實易行其辭難知其術以虚無
為本以因循為用無成勢無常形故能究萬物
之情不為物先不為物後故能為萬物主有法

無法因時爲業有度無度因物與合故曰聖人不朽時變是守虛者道之常也因者君之綱也羣臣並至使各自明也其實中其聲者謂之端實不中其聲者謂之窾窾言不聽姦乃不生賢不肖自分白黑乃形在所欲用耳何事不成乃合大道混混冥冥光燿天下復反無名凡人所生者神也所託者形也神大用則竭形大勞則敝形神離則死死者不可復生離者不可復反故聖人重之由是觀之神者生之本也形者生之具也不先定其神而曰我有以治天下何由

哉太史公既掌天官不治民有子曰遷遷生龍門耕牧河山之陽年十歲則誦古文二十而南游江淮上會稽探禹穴闚九疑浮於沅湘北涉汶泗講業齊魯之都觀孔子之遺風鄉射鄒嶧戹困鄱薛彭城過梁楚以歸於是遷仕爲郎中奉使西征巴蜀以南南略邛筰昆明還報命是歲天子始建漢家之封而太史公留滯周南不得與從事故發憤且卒而子遷適使反見父於河洛之間太史公執遷手而泣曰余先周室之太史也自上世嘗顯功名於虞夏典天官事後

世中衰絶於予乎汝復為太史則續吾祖矣今天子接千歲之統封泰山而余不得從行是命也夫命也夫余死汝必為太史為太史無忘吾所欲論著矣且夫孝始於事親中於事君終於立身揚名於後世以顯父母此孝之大者夫天下稱誦周公言其能論歌文武之德宣周邵之風達太王王季之思慮爰及公劉以尊后稷也幽厲之後王道缺禮樂衰孔子修舊起廢論詩書作春秋則學者至今則之自獲麟以來四百餘歲而諸侯相兼史記放絶今漢興海内一統

明主賢君忠臣死義之士余為太史而弗論載廢天下之史文余甚懼焉汝其念哉遷俯首流涕曰小子不敏請悉論先人所次舊聞弗敢闕卒三歲而遷為太史令紬史記石室金匱之書五年而當太初元年十一月甲子朔旦冬至天歷始改建於明堂諸神受紀

太史公曰先人有言自周公卒五百歲而有孔子孔子卒後至於今五百歲有能紹明世正易傳繼春秋本詩書禮樂之際意在斯乎意在斯乎小子何敢讓焉上大夫壺遂曰昔孔子何為

而作春秋哉太史公曰余聞董生曰周道衰廢孔子爲魯司寇諸侯害之大夫壅之孔子知言之不用道之不行也是非二百四十二年之中以爲天下儀表貶天子退諸侯討大夫以達王事而已矣子曰我欲載之空言不如見之於行事之深切著明也夫春秋上明三王之道下辨人事之紀別嫌疑明是非定猶豫善善惡惡賢賢賤不肖存亡國繼絶世補敝起廢王道之大者也易著天地陰陽四時五行故長於變禮經紀人倫故長於行書記先王之事故長於政詩

記山川谿谷禽獸草木牝牡雌雄故長於風樂
樂所以立故長於和春秋辨是非故長於治人
是故禮以節人樂以發和書以道事詩以達意
易以道化春秋以道義撥亂世反之正莫近於
春秋春秋文成數萬其指數千萬物之散聚皆
在春秋春秋之中弑君三十六亡國五十二諸
侯奔走不得保其社稷者不可勝數察其所以
皆失其本已故易曰失之豪釐差以千里故曰
臣弑君子弑父非一旦一夕之故也其漸久矣
故有國者不可以不知春秋前有讒而弗見後

有賊而不知爲人臣者不可以不知春秋守經
事而不知其宜遭變事而不知其權爲人君父
而不通於春秋之義者必蒙首惡之名爲人臣
子而不通於春秋之義者必陷簒弑之誅死罪
之名其實皆以爲善爲之不知其義被之空言
而不敢辭夫不通禮義之旨至於君不君臣不
臣父不父子不子君不君則犯臣不臣則誅父
不父則無道子不子則不孝此四行者天下之
大過也以天下之大過予之則受而弗敢辭故
春秋者禮義之大宗也夫禮禁未然之前法施

已然之後法之所為用者易見而禮之所為禁者難知壹遂曰孔子之時上無明君下不得任用故作春秋垂空文以斷禮義當一王之法今夫子上遇明天子下得守職萬事既具咸各序其宜夫子所論欲以何明太史公曰唯唯否否不然余聞之先人曰伏羲至純厚作易八卦堯舜之盛尚書載之禮樂作焉湯武之隆詩人歌之春秋采善貶惡推三代之德褒周室非獨刺譏而已也漢興以來至明天子獲符瑞封禪改正朔易服色受命於穆清澤流罔極海外殊俗

重譯欵塞請来獻見者不可勝道臣下百官力
誦聖德猶不能宣盡其意且士賢能而不用有
國者之恥主上明聖而德不布聞有司之過也
且余嘗掌其官廢明聖盛德不載滅功臣世家
賢大夫之業不述墮先人所言罪莫大焉余所
謂述故事整齊其世傳非所謂作也而君比之
於春秋謬矣於是論次其文七年而太史公遭
李陵之禍幽於縲絏乃喟然而歎曰是余之罪
也夫是余之罪也夫身毁不用矣退而深惟曰
夫詩書隱約者欲遂其志之思也昔西伯拘羑

里演周易孔子戹陳蔡作春秋屈原放逐著離騷左丘失明厥有國語孫子臏脚而論兵法不韋遷蜀世傳呂覽韓非囚秦說難孤憤詩三百篇大抵賢聖發憤之所爲作也此人皆意有所鬱結不得通其道也故述往事思來者於是卒述陶唐以来至于麟止自黃帝始（以下刪）

太史公曰余述歷黃帝以來至太初而訖百三十篇

史記英選卷之六

# 史記英選卷之七

## 蘇武傳 以下漢書

武字子卿少以父任兄弟並爲郎稍遷至移中廐監時漢連伐胡數通使相窺觀匈奴留漢使郭吉路充國等前後十餘輩匈奴使來漢亦留之以相當天漢元年且鞮侯單于初立恐漢襲之迺曰漢天子我丈人行也盡歸漢使路充國等武帝嘉其義迺遣武以中郎將使持節送匈奴使留在漢者因厚賂單于答其善意武與副中郎將張勝及假吏常惠等募士斥候百餘人

俱既至匈奴置幣遺單于單于益驕非漢所望也方欲發使送武等會緱王與長水虞常等謀反匈奴中緱王者昆邪王姊子也與昆邪王俱降漢後隨浞野侯沒胡中及衛律所將降者陰相與謀劫單于母閼氏歸漢會武等至匈奴虞常在漢時素與副張勝相知私候勝曰聞漢天子甚怨衛律常能為漢伏弩射殺之吾母與弟在漢幸蒙其賞賜張勝許之以貨物與常後月餘單于出獵獨閼氏子弟在虞常等七十餘人欲發其一人夜亡告之單于子弟發兵與戰緱

王等皆死虞常生得單于使衛律治其事張勝聞之恐前語發以狀語武武曰事如此此必及我見犯迺死重負國欲自殺勝惠共止之虞常果引張勝單于怒召諸貴人議欲殺漢使者左伊秩訾曰即謀單于何以復加宜皆降之單于使衛律召武受辭武謂惠等屈節辱命雖生何面目以歸漢引佩刀自刺衛律驚自抱持武馳召醫鑿地為坎置熅火覆武其上蹈其背以出血武氣絶半日復息惠等哭輿歸營單于壯其節朝夕遣人候問武而收繫張勝武益愈單于

使使曉武會論虞常欲因此時降武劒斬虞常已律曰漢使張勝謀殺單于近臣當死單于募降者赦罪舉劒欲擊之勝請降律謂武曰副有罪當相坐武曰本無謀又非親屬何謂相坐復舉劒擬之武不動律曰蘇君律前負漢歸匈奴幸蒙大恩賜號稱王擁衆數萬馬畜彌山富貴如此蘇君今日降明日復然空以身膏草野誰復知之武不應律曰君因我降與君為兄弟今不聽吾計後雖欲復見我尚可得乎武罵律曰女為人臣子不顧恩義畔主背親為降虜於蠻

夷何以女為見且單于信女使決人死生不平心持正反欲鬭兩主觀禍敗南越殺漢使者屠為九郡宛王殺漢使者頭縣北闕朝鮮殺漢使者即時誅滅獨匈奴未耳若知我不降明欲令兩國相攻匈奴之禍從我始矣律知武終不可脅白單于單于愈益欲降之迺幽武置大窖中絕不飲食天雨雪武卧齧雪與旃毛幷咽之數日不死匈奴以為神乃徙武北海上無人處使牧羝羝乳乃得歸別其官屬常惠等各置他所武既至海上廩食不至掘野鼠去草實而食之

杖漢節牧羊臥起操持節旄盡落積五六年單
于弟於靬王弋射海上武能綢紡繳檠弓弩於
靬王愛之給其衣食三歲餘王病賜武馬畜服
匿穹廬王死後人衆徙去其冬丁令盜武牛羊
武復窮厄初武與李陵俱為侍中武使匈奴明
年陵降不敢求武久之單于使陵至海上為武
置酒設樂因謂武曰單于聞陵與子卿素厚故
使陵来說足下虛心欲相待終不得歸漢空自
苦亡人之地信義安所見乎前長君為奉車從
至雍棫陽宮扶輦下除觸柱折轅劾大不敬伏

劒自刎賜錢二百萬以葬孺卿從祠河東后土宦騎與黃門駙馬爭船推墮駙馬河中溺死宦騎亡詔使孺卿逐捕不得惶恐飲藥而死來時大夫人已不幸陵送葬至陽陵子卿婦年少聞已更嫁矣獨有女弟二人兩女一男今復十餘年存亡不可知人生如朝露何久自苦如此陵始降時忽忽如狂自痛負漢加以老母繫保宮子卿不欲降何以過陵且陛下春秋高法令亡常大臣亡罪夷滅者數十家安危不可知子卿尚復誰為乎願聽陵計勿復有云武曰武父子

亡功德皆爲陛下所成就位列將爵通侯兄弟
親近常願肝腦塗地今得殺身自效雖蒙斧鉞
湯鑊誠甘樂之臣事君猶子事父也子爲父死
無所恨願勿復再言陵與武飮數日復曰子卿
壹聽陵言武曰自分已死久矣王必欲降武請
畢今日之驩效死於前陵見其至誠喟然歎曰
嗟乎義士陵與衛律之罪上通於天因泣下霑
衿與武決去陵惡自賜武使其妻賜武牛羊數
十頭後陵復至北海上語武區脫捕得雲中生
口言太守以下吏民皆白服曰上崩武聞之南

鄉號哭歐血旦夕臨數月昭帝即位數年匈奴與漢和親漢求武等匈奴詭言武死後漢使復至匈奴常惠請其守者與俱得夜見漢使具自陳道教使者謂單于言天子射上林中得鴈足有係帛書言武等在某澤中使者大喜如惠語以讓單于單于視左右而驚謝漢使曰武等實在於是李陵置酒賀武曰今足下還歸揚名於匈奴功顯於漢室雖古竹帛所載丹青所畫何以過子卿陵雖駑怯令漢且貰陵罪全其老母使得奮大辱之積志庶幾乎曹柯之盟此陵宿

昔之所不忘也收族陵家為世大戮陵尚復何
顧乎已矣令子卿知吾心耳異域之人壹別長
絶陵起舞歌曰徑萬里兮度沙幕為君將兮奮
匈奴路窮絶兮矢刃摧士衆滅兮名已隤老母
已死雖欲報恩將安歸陵泣下數行因與武決
單于召會武官屬前以降及物故凡隨武還者
九人武以始元六年春至京師詔武奉一太牢
謁武帝園廟拜為典屬國秩中二千石賜錢二
百萬公田二頃宅一區常惠徐聖趙終根皆拜
為中郎賜帛各二百匹其餘六人老歸家賜錢

人十萬復終身常惠後至右將軍封列侯自有傳武留匈奴凡十九歲始以彊壯出及還須髮盡白武來歸明年上官桀子安與桑弘羊及燕王蓋主謀反武子男元與安有謀坐死初桀安與大將軍霍光爭權數疏光過失予燕王令上書告之又言蘇武使匈奴二十年不降還迺為典屬國大將軍長史無功勞為搜粟都尉光顓權自恣及燕王等反誅窮治黨與武素與桀弘羊有舊數為燕王所訟子又在謀中廷尉奏請逮捕武霍光寢其奏免武官數年昭帝崩武以

故二千石與計謀立宣帝賜爵關內侯食邑三百户久之衛將軍張安世薦武明習故事奉使不辱命先帝以為遺言宣帝即時召武待詔宦者署數進見復為右曹典屬國以武著節老臣令朝朔望號稱祭酒甚優寵之武所得賞賜盡以施予昆弟故人家不餘財皇后父平恩侯帝舅平昌侯樂昌侯車騎將軍韓增丞相魏相御史大夫丙吉皆敬重武武年老子前坐事死上閔之問左右武在匈奴久豈有子乎武因平恩侯自白前發匈奴時胡婦適產一子通國有聲

問來願因使者致金帛贖之上許焉後通國隨使者至上以為郎又以武弟子為右曹武年八十餘神爵二年病卒甘露三年單于始入朝上思股肱之美迺圖畫其人於麒麟閣法其形貌署其官爵姓名唯霍光不名曰大司馬大將軍博陸侯姓霍氏次曰衛將軍富平侯張安世次曰車騎將軍龍頟侯韓增次曰後將軍營平侯趙充國次曰丞相高平侯魏相次曰丞相博陽侯丙吉次曰御史大夫建平侯杜延年次曰宗正陽城侯劉德次曰少府梁丘賀次曰太子太

傳蕭望之次曰典屬國蘇武皆有功德知名當世是以表而揚之明著中興輔佐列於方叔召虎仲山甫焉凡十一人皆有傳自丞相黃霸廷尉于定國大司農朱邑京兆尹張敞右扶風尹翁歸及儒者夏侯勝等皆以善終著名宣帝之世然不得列於名臣之圖以此知其選矣

李陵傳

陵字少卿少爲侍中建章監善騎射愛人謙讓下士甚得名譽武帝以爲有廣之風使將八百騎深入匈奴二千餘里過居延視地形不見虜

還拜為騎都尉將勇敢五千人教射酒泉張掖以備胡數年漢遣貳師將軍伐大宛使陵將五校兵隨後行至塞會貳師還上賜陵書陵留吏士與輕騎五百出敦煌至鹽水迎貳師還復留屯張掖天漢二年貳師將三萬騎出酒泉擊右賢王於天山召陵欲使為貳師將輜重陵召見武臺叩頭自請曰臣所將屯邊者皆荊楚勇士奇材劍客也力扼虎射命中願得自當一隊到蘭干山南以分單于兵毋令專鄉貳師軍上曰將惡相屬邪吾發軍多毋騎予女陵對無所事

騎臣願以少擊衆步兵五千人涉單于庭上壯而許之因詔彊弩都尉路博德將兵半道迎陵軍博德故伏波將軍亦羞爲陵後距奏言方秋匈奴馬肥未可與戰臣願留陵至春俱將酒泉張掖騎各五千人並擊東西浚稽可必禽也書奏上怒疑陵悔不欲出而教博德上書廼詔博德吾欲予李陵騎云欲以少擊衆今虜入西河其引兵走西河遮鉤營之道詔陵以九月發出遮虜鄣至東浚稽山南龍勒水上徘徊觀虜即亡所見從浞野侯趙破奴故道抵受降城休士

因騎置以聞所與博德言者云何具以書對陵
於是將其步卒五千人出居延北行三十日至
浚稽山止營舉圖所過山川地形使麾下騎陳
步樂還以聞步樂召見道陵將率得士死力上
甚說拜步樂為郎陵至浚稽山與單于相值騎
可三萬圍陵軍軍居兩山間以大車為營陵引
士出營外為陳前行持戟盾後行持弓弩令曰
聞鼓聲而縱聞金聲而止虜見漢軍少直前就
營陵搏戰攻之千弩俱發應弦而倒虜還走上
山漢軍追擊殺數千人單于大驚召左右地兵

八萬餘騎攻陵陵且戰且引南行數日抵山谷中連戰士卒中矢傷三創者載輦兩創者將車一創者持兵戰陵曰吾士氣少衰而鼓不起者何也軍中豈有女子乎始軍出時關東羣盜妻子徙邊者隨軍為卒妻婦大匿車中陵搜得皆劒斬之明日復戰斬首三千餘級引兵東南循故龍城道行四五日抵大澤葭葦中虜從上風縱火陵亦令軍中縱火以自救南行至山下單于在南山上使其子將騎擊陵陵軍步鬬樹木間復殺數千人因發連弩射單于單于下走是

日捕得虜言單于曰此漢精兵擊之不能下日夜引吾南近塞得毋有伏兵乎諸當戶君長皆言單于自將數萬騎擊漢數千人不能滅後無以復使邊臣令漢益輕匈奴復力戰山谷間尚四五十里得平地不能破廼還是時陵軍益急匈奴騎多戰一日數十合復傷殺虜二千餘人虜不利欲去會陵軍候管敢為校尉所辱亡降匈奴具言陵軍無後救射矢且盡獨將軍麾下及成安侯校各八百人為前行以黃與白為幟當使精騎射之即破矣成安侯者潁川人父韓

千秋故濟南相奮擊南越戰死武帝封子延年為侯以校尉隨陵單于得敢大喜使騎並攻漢軍疾呼曰李陵韓延年趣降遂遮道急攻陵陵居谷中虜在山上四面射矢如雨下漢軍南行未至鞮汗山一日五十萬矢皆盡即棄車去士尚三千餘人徒斬車輻而持之軍吏持尺刀抵山入陿谷單于遮其後乘隅下壘石士卒多死不得行昏後陵便衣獨步出營止左右毋隨我丈夫一取單于耳良久陵還大息曰兵敗死矣軍吏或曰將軍威震匈奴天命不遂後求道徑

半音判

還歸如浞野侯為虜所得後亡還天子客遇之況於將軍乎陵曰公止吾不死非壯士也於是盡斬旌旗及珍寶埋地中陵歎曰復得數十矢足以脫矣今無兵復戰天明坐受縛矣各鳥獸散猶有得脫歸報天子者令軍士人持二升糒一半冰期至遮虜鄣者相待夜半時擊鼓起士鼓不鳴陵與韓延年俱上馬壯士從者十餘人虜騎數千追之韓延年戰死陵曰無面目報陛下遂降軍人分散脫至塞者四百餘人陵敗處去塞百餘里邊塞以聞上欲陵死戰召陵母及

婦使相者視之無死喪色後聞陵降上怒甚責問陳步樂步樂自殺羣臣皆罪陵上以問太史令司馬遷遷盛言陵事親孝與士信常奮不顧身以殉國家之急其素所畜積也有國士之風今舉事一不幸全軀保妻子之臣隨而媒孽其短誠可痛也且陵提步卒不滿五千深輮戎馬之地抑數萬之師虜救死扶傷不暇悉舉引弓之民共攻圍之轉鬭千里矢盡道窮士張空拳冒白刃北首爭死敵得人之死力雖古名將不過也身雖陷敗然其所摧敗亦足暴於天下彼

之不死宜欲得當以報漢也初上遣貳師大軍
出財令陵為助兵及陵與單于相值而貳師功
少上以遷誣罔欲沮貳師為陵游說下遷腐刑
久之上悔陵無救曰陵當發出塞迺詔彊弩都
尉令迎軍坐預詔之得令老將生姦詐迺遣使
勞賜陵餘軍得脫者陵在匈奴歲餘上遣因杅
將軍公孫敖將兵深入匈奴迎陵敖軍無功還
曰捕得生口言李陵教單于為兵以備漢軍故
臣無所得上聞於是族陵家母弟妻子皆伏誅
隴西士大夫以李氏為愧其後漢遣使使匈奴

陵謂使者曰吾爲漢將步卒五千人橫行匈奴以亡救而敗何負於漢而誅吾家使者曰漢聞李少卿教匈奴爲兵陵曰廼李緒非我也李緒本漢塞外都尉居奚侯城匈奴攻之緒降而單于客遇緒常坐陵上陵痛其家以李緒而誅使人刺殺緒大閼氏欲殺陵單于匿之北方大閼氏死廼還單于壯陵以女妻之立爲右校王衛律爲丁靈王皆貴用事衛律者父本長水胡人律生長漢善協律都尉李延年延年薦言律使匈奴使還會延年家收律懼幷誅亡還降匈奴

匈奴愛之常在單于左右陵居外有大事迺入議昭帝立大將軍霍光左將軍上官桀輔政素與陵善遣陵故人隴西任立政等三人俱至匈奴招陵立政等至單于置酒賜漢使者李陵衛律皆侍坐立政等見陵未得私語即目視陵而數數自循其刀環握其足陰諭之言可還歸漢也後陵律持牛酒勞漢使博飲兩人皆胡服椎結立政大言曰漢已大赦中國安樂主上富於春秋霍子孟上官少叔用事以此言微動之陵墨不應孰視而自循其髮答曰吾已胡服矣有

頃律起更衣立政曰咄少卿良苦霍子孟上官少叔謝女陵曰霍與上官無恙乎立政曰請少卿來歸故鄉毋憂富貴陵字立政曰少公歸易耳恐再辱奈何語未卒衛律還頗聞餘語曰李少卿賢者不獨居一國范蠡徧遊天下由余去戎入秦今何語之親也因罷去立政隨謂陵曰亦有意乎陵曰丈夫不能再辱陵在匈奴二十餘年元平元年病死

## 匈奴傳

匈奴其先祖夏后氏之苗裔也曰淳維唐虞以

上有山戎獫狁葷粥居于北蠻隨畜牧而轉移其畜之所多則馬牛羊其奇畜則橐駞驢贏駃騠騊駼驒騱逐水草遷徙毋城郭常處耕田之業然亦各有分地毋文書以言語為約束兒能騎羊引弓射鳥鼠少長則射狐兎用為食士力能彎弓盡為甲騎其俗寬則隨畜因射獵禽獸為生業急則人習戰攻以侵伐其天性也其長兵則弓矢短兵則刀鋋利則進不利則退不羞遁走苟利所在不知禮義自君王以下咸食畜肉衣其皮革被旃裘壯者食肥美老者食其餘

貴壯健賤老弱父死妻其後母兄弟死皆取其
妻妻之其俗有名不諱而無姓字夏道衰而公
劉失其稷官變于西戎邑于豳其後三百有餘
歲戎狄攻大王亶父亶父亡走岐下而豳人悉
從亶父而邑焉作周其後百有餘歲周西伯昌
伐畎夷氏後十有餘年武王伐紂而營雒邑復
居于酆鄗放逐戎夷涇洛之北以時入貢命曰
荒服其後二百有餘年周道衰而穆王伐犬戎
得四白狼四白鹿以歸自是之後荒服不至於
是周遂作甫刑之辟穆王之後二百有餘年周

氾音汎

幽王用寵姬褒姒之故與申侯有郤申侯怒而與犬戎共攻殺周幽王于驪山之下遂取周之焦穫而居于涇渭之間侵暴中國秦襄公救周於是周平王去酆鄗而東徙雒邑當是之時秦襄公伐戎至岐始列為諸侯是後六十有五年而山戎越燕而伐齊齊釐公與戰于齊郊其後四十四年而山戎伐燕燕告急于齊齊桓公北伐山戎山戎走其後二十有餘年而戎狄至洛邑伐周襄王襄王奔于鄭之氾邑初周襄王欲伐鄭故娶戎狄女為后與戎狄兵共伐鄭已而

黜狄后狄后怨而襄王後母曰惠后有子子帶欲立之於是惠后與狄后子帶為內應開戎狄戎狄以故得入破逐周襄王而立子帶為天子於是戎狄或居于陸渾東至於衛侵盜暴虐中國中國疾之故詩人歌之曰戎狄是膺薄伐獫狁至於太原出輿彭彭城彼朔方周襄王既居外四年乃使使告急于晉晉文公初立欲修霸業乃興師伐逐戎翟誅子帶迎內周襄王居于雒邑當是之時秦晉為彊國晉文公攘戎翟居于河西圁洛之間號曰赤翟白翟秦穆公得由

余西戎八國服於秦故自隴以西有緜諸緄戎翟豲之戎岐梁山涇漆之北有義渠大荔烏氏朐衍之戎而晉北有林胡樓煩之戎燕北有東胡山戎各分散居谿谷自有君長往往而聚者百有餘戎然莫能相一自是之後百有餘年晉悼公使魏絳和戎翟戎翟朝晉後百有餘年趙襄子踰句注而破并代以臨胡貉其後既與韓魏共滅智伯分晉地而有之則趙有代句注之北魏有河西上郡以與戎界邊其後義渠之戎築城郭以自守而秦稍蠶食至於惠王遂拔義

渠二十五城惠王擊魏魏盡入西河及上郡于秦秦昭王時義渠戎王與宣太后亂有二子宣太后詐而殺義渠戎王於甘泉遂起兵伐殘義渠於是秦有隴西北地上郡築長城以拒胡而趙武靈王亦變俗胡服習騎射北破林胡樓煩築長城自代並陰山下至高闕為塞而置雲中鴈門代郡其後燕有賢將秦開為質於胡胡甚信之歸而襲破走東胡東胡卻千餘里與荊軻刺秦王秦舞陽者開之孫也燕亦築長城自造陽至襄平置上谷漁陽右北平遼西遼東郡以

拒胡當是之時冠帶戰國七而三國邊於匈奴其後趙將李牧時匈奴不敢入趙邊後秦滅六國而始皇帝使蒙恬將十萬之衆北擊胡悉收河南地因河爲塞築四十四縣城臨河徙適戍以充之而通直道自九原至雲陽因邊山險壍谿谷可繕者治之起臨洮至遼東萬餘里又度河據陽山北假中當是之時東胡彊而月氏盛匈奴單于曰頭曼頭曼不勝秦北徙十餘年而蒙恬死諸侯畔秦中國擾亂諸秦所徙適戍邊者皆復去於是匈奴得寬復稍度河南與中國

界於故塞單于有太子名冒頓後有所愛閼氏生少子而單于欲廢冒頓而立少子乃使冒頓質於月氏冒頓既質於月氏而頭曼急擊月氏月氏欲殺冒頓冒頓盜其善馬騎之亡歸頭曼以為壯令將萬騎冒頓乃作為鳴鏑習勒其騎射令曰鳴鏑所射而不悉射者斬之行獵鳥獸有不射鳴鏑所射者輒斬之已而冒頓以鳴鏑自射其善馬左右或不敢射者冒頓立斬不射善馬者居頃之復以鳴鏑自射其愛妻左右或頗恐不敢射冒頓又復斬之居頃之冒頓出獵

以鳴鏑射單于善馬左右皆射之於是冒頓知其左右皆可用（匈奴傳舊本左右皆可用下冒頓自立上有四十三字東胡強盛下乃使使上有七字御定英選本並刪連合句衍以編成之匈奴傳之入選盖取其文而冒頓事之特刪別其惡也內閣所藏諸本用此編義例而翻刻木本則遂拔本傳以太史公序附貨殖傳下）冒頓自立為單于冒頓既立是時東胡彊盛乃使使謂冒頓欲得頭曼時有千里馬冒頓問羣臣羣臣皆曰千里馬匈奴寶馬也勿與冒頓曰奈何與人鄰國而愛一馬乎遂與之千里馬居頃之東胡以為冒頓畏之乃使使謂冒頓欲得單于一閼氏冒頓復問左右左右皆怒

曰東胡無道乃求閼氏請擊之冒頓曰奈何與人鄰國愛一女子乎遂取所愛閼氏予東胡東胡王愈益驕西侵與匈奴間中有棄地莫居千餘里各居其邊爲甌脫東胡使使謂冒頓曰匈奴所與我界甌脫外棄地匈奴非能至也吾欲有之冒頓問羣臣羣臣或曰此棄地與之亦可勿與亦可於是冒頓大怒曰地者國之本也奈何予之諸言予之者皆斬之冒頓上馬令國中有後者斬遂東襲擊東胡東胡初輕冒頓不爲備及冒頓以兵至擊大破滅東胡王而虜其民

谷蠡 音鹿離

人及畜產既歸西擊走月氏南幷樓煩白羊河南王侵燕代悉復收秦所使蒙恬所奪匈奴地者與漢關故河南塞至朝那膚施遂侵燕代是時漢兵與項羽相距中國罷於兵革以故冒頓得自彊控弦之士三十餘萬自淳維以至頭曼千有餘歲時大時小別散分離尚矣其世傳不可得而次云然至冒頓而匈奴最彊大盡服從北夷而南與中國為敵國其世傳國官號乃可得而記云置左右賢王左右谷蠡王左右大將左右大都尉左右大當戶左右骨都侯匈奴謂

賢曰屠耆故常以太子為左屠耆王自如左右賢以下至當戶大者萬騎小者數千凡二十四長立號曰萬騎諸大臣皆世官呼衍氏蘭氏其後有須卜氏此三姓其貴種也諸左方王將居東方直上谷以往者東接穢貉朝鮮右方王將居西方直上郡以西接月氏氐羌而單于之庭直代雲中各有分地逐水草移徙而左右賢王左右谷蠡王最為大國左右骨都侯輔政諸二十四長亦各自置千長百長什長裨小王相封都尉當戶且渠之屬歲正月諸長小會單于庭

祠五月大會蘢城祭其先天地鬼神秋馬肥大會蹛林課校人畜計其法拔刃尺者死坐盜者沒入其家有罪小者軋大者死獄久者不過十日一國之囚不過數人而單于朝出營拜日之始生夕拜月其坐長左而北鄉日上戊己其送死有棺槨金銀衣裘而無封樹喪服近幸臣妾從死者多至數千百人舉事而候星月月盛壯則攻戰月虧則退兵其攻戰斬首虜賜一卮酒而所得鹵獲因以予之得人以為奴婢故其戰人人自為趣利善為誘兵以冒敵故其見敵則

逐利如鳥之集其困敗則瓦解雲散矣戰而扶
輿死者盡得死者家財後北服渾庾屈射丁靈
鬲昆薪犂之國於是匈奴貴人大臣皆服以冒
頓單于爲賢是時漢初定中國徙韓王信於代
都馬邑匈奴大攻圍馬邑韓王信降匈奴匈奴
得信因引兵南踰句注攻太原至晋陽下高帝
自將兵往擊之會冬大寒雨雪卒之墮指者十
二三於是冒頓詳敗走誘漢兵漢兵逐擊冒頓
冒頓匿其精兵見其羸弱於是漢悉兵多步兵
三十二萬北逐之高帝先至平城步兵未盡到

冒頓縱精兵四十萬騎圍高帝於白登七日漢兵中外不得相救餉匈奴騎其西方盡白馬東方盡青駹馬北方盡烏驪馬南方盡騂馬高帝乃使使間厚遺閼氏閼氏乃謂冒頓曰兩主不相困今得漢地而單于終非能居之也且漢王亦有神單于察之冒頓與韓王信之將王黃趙利期而黃利兵又不来疑其與漢有謀亦取閼氏之言乃解圍之一角於是高帝令士皆持滿傅矢外鄉從解角直出竟與大軍合而冒頓遂引兵而去漢亦引兵而罷使劉敬結和親之約

是後韓王信為匈奴將及趙利王黃等數倍約侵盜代雲中居無幾何陳豨反又與韓信合謀擊代漢使樊噲往擊之復拔代鴈門雲中郡縣不出塞是時匈奴以漢將衆往降故冒頓常往來侵盜代地於是漢患之高帝乃使劉敬奉宗室女公主為單于閼氏歲奉匈奴絮繒酒米食物各有數約為昆弟以和親冒頓乃少止後燕王盧綰反率其黨數千人降匈奴往來苦上谷以東高祖崩孝惠呂太后時漢初定故匈奴以驕冒頓乃為書遺高后妄言高后欲擊之諸將

曰以高帝賢武然尚困於平城於是高后乃止
復與匈奴和親至孝文帝初立復修和親之事
其三年五月匈奴右賢王入居河南地侵盜上
郡葆塞蠻夷殺略人民於是孝文帝詔丞相灌
嬰發車騎八萬五千詣高奴擊右賢王右賢王
走出塞文帝幸太原是時濟北王反文帝歸罷
丞相擊胡之兵其明年單于遺漢書曰天所立
匈奴大單于敬問皇帝無恙前時皇帝言和親
事稱書意合歡漢邊吏侵侮右賢王右賢王不
請聽後義盧侯難氏等計與漢吏相距絕二主

揭音桀



之約離兄弟之親皇帝讓書再至發使以書報不來漢使不至漢以其故不和鄰國不附今以小吏之敗約故罰右賢王使之西求月氏擊之以天之福吏卒良馬彊力以夷滅月氏盡斬殺降下之定樓蘭烏孫呼揭及其旁二十六國皆以為匈奴諸引弓之民幷為一家北州已定願寢兵休士卒養馬除前事復故約以安邊民以應始古使少者得成其長老者安其處世世平樂未得皇帝之志故使郎中係雩淺奉書請獻橐駝一匹騎馬二匹駕二駟皇帝即不欲匈

奴近塞則且詔吏民遠舍使者至即遣之以六
月中來至新望之地書至漢議擊與和親孰便
公卿皆曰單于新破月氏乘勝不可擊且得匈
奴地澤鹵非可居也和親甚便漢許之孝文皇
帝前六年漢遺匈奴書曰皇帝敬問匈奴大單
于無恙使郎中係雩淺遺朕書曰右賢王不請
聽後義盧侯難氏等計絶二主之約離兄弟之
親漢以故不和鄰國不附今以小吏敗約故罰
右賢王使西擊月氏盡定之願寢兵休士卒養
馬除前事復故約以安邊民使少者得成其長

老者安其處世世平樂朕甚嘉之此古聖主之
意也漢與匈奴約為兄弟所以遺單于甚厚倍
約離兄弟之親者常在匈奴然右賢王事已在
赦前單于勿深誅單于若稱書意明告諸吏使
無負約有信敬如單于書使者言單于自將伐
國有功甚苦兵事服繡袷綺衣繡袷長襦錦袷
袍各一比余一黃金飾具帶一黃金胥紕一繡
十匹錦三十匹赤綈綠繒各四十匹使中大夫
意謁者令肩遺單于後頃之冒頓死子稽粥立
號曰老上單于老上稽粥單于初立孝文皇帝

復遣宗室女公主為單于閼氏使宦者燕人中行說傅公主說不欲行漢彊使之說曰必我行也為漢患者中行說既至因降單于單于甚親幸之初匈奴好漢繒絮食物中行說曰匈奴人衆不能當漢之一郡然所以彊者以衣食異無仰於漢也今單于變俗好漢物漢物不過什二則匈奴盡歸於漢矣其得漢繒絮以馳草棘中衣袴皆裂敝以示不如旃裘之完善也得漢食物皆去之以示不如湩酪之便美也於是說教單于左右疏記以計課其人衆畜物漢遺單于

書牘以尺一寸辭曰皇帝敬問匈奴大單于無恙所遺物及言語云云中行說令單于遺漢書以尺二寸牘及印封皆令廣大長倨傲其辭曰天地所生日月所置匈奴大單于敬問漢皇帝無恙所以遺物言語亦云云漢使或言曰匈奴俗賤老中行說窮漢使曰而漢俗屯戍從軍當發者其老親豈有不自脫溫厚肥美以齎送飲食行戍乎漢使曰然中行說曰匈奴明以戰攻爲事其老弱不能鬭故以其肥美飲食壯健者蓋以自爲守衛如此父子各得久相保何以言

匈奴輕老也漢使曰匈奴父子乃同穹廬而臥父死妻其後母兄弟死盡取其妻妻之無冠帶之飾闕庭之禮中行說曰匈奴之俗人食畜肉飲其汁衣其皮畜食草飲水隨時轉移故其急則人習騎射寬則人樂無事其約束輕易行也君臣簡易一國之政猶一身也父子兄弟死取其妻妻之惡種姓之失也故匈奴雖亂必立宗種今中國雖詳不取其父兄之妻親屬益疏則相殺至乃易姓皆從此類且禮義之敝上下交怨望而室屋之極生力必屈夫力耕桑以求衣

食築城郭以自備故其民急則不習戰功緩則
罷於作業嗟土室之人顧無多辭令喋喋而佔
佔冠固何當自是之後漢使欲辯論者中行說
輒曰漢使無多言顧漢所輸匈奴繒絮米糵令
其量中必善美而已矣何以為言乎且所給備
善則已不備苦惡則候秋孰以騎馳蹂而稼穡
耳日夜教單于候利害處漢孝文皇帝十四年
匈奴單于十四萬騎入朝那蕭關殺北地都尉
卬虜人民畜產甚多遂至彭陽使奇兵入燒回
中宮候騎至雍甘泉於是文帝以中尉周舍郎

中令張武為將軍發車千乘騎十萬軍長安旁以備胡寇而拜昌侯盧卿為上郡將軍甯侯魏遬為北地將軍隆慮侯周竈為隴西將軍東陽侯張相如為大將軍成侯董赤為前將軍大發車騎往擊胡單于留塞內月餘乃去漢逐出塞即還不能有所殺匈奴日已驕歲入邊殺略人民畜產甚多雲中遼東最甚至代郡萬餘人漢患之乃使使遺匈奴書單于亦使當戶報謝復言和親事孝文帝後二年使使遺匈奴書曰皇帝敬問匈奴大單于無恙使當戶且居雕渠難

郎中韓遼遺朕馬二匹已至敬受先帝制長城
以北引弓之國受命單于長城以內冠帶之室
朕亦制之使萬民耕織射獵衣食父子無離臣
主相安俱無暴逆今聞渫惡民貪降其進取之
利倍義絶約忘萬民之命離兩主之驩然其事
已在前矣書曰二國已和親兩主驩說寢兵休
卒養馬世世昌樂闟然更始朕甚嘉之聖人者
日新改作更始使老者得息幼者得長各保其
首領而終其天年朕與單于俱由此道順天恤
民世世相傳施之無窮天下莫不咸便漢與匈

奴鄰敵之國匈奴處北地寒殺氣早降故詔吏遺單于秫蘗金帛絲絮佗物歲有數今天下大安萬民熙熙朕與單于為之父母朕追念前事薄物細故謀臣計失皆不足以離兄弟之驩朕聞天不頗覆地不偏載朕與單于皆捐往細故俱蹈大道墮壞前惡以圖長久使兩國之民若一家子元元萬民下及魚鼈上及飛鳥跂行喙息蠕動之類莫不就安利而辟危殆故來者不止天之道也俱去前事朕釋逃虜民單于無言章尼等朕聞古之帝王約分明而無食言單于

留志天下大安和親之後漢過不先單于其察
之單于既約和親於是制詔御史曰匈奴大單
于遺朕書言和親已定亡人不足以益衆廣地
匈奴無入塞漢無出塞犯令約者殺之可以久
親後無咎俱便朕已許之其布告天下使明知
之後四歲老上稽粥單于死子軍臣立為單于
既立孝文皇帝復與匈奴和親而中行說復事
之軍臣單于立四歲匈奴復絶和親大入上郡
雲中各三萬騎所殺略甚衆而去於是漢使三
將軍軍屯北地代屯句注趙屯飛狐口緣邊亦

各堅守以備胡寇又置三將軍軍長安西細柳渭北棘門霸上以備胡胡騎入代句注邊烽火通於甘泉長安數月漢兵至邊匈奴亦去遠塞漢兵亦罷後歲餘孝文帝崩孝景帝立而趙王遂乃陰使人於匈奴吳楚反欲與趙合謀入邊漢圍破趙匈奴亦止自是之後孝景帝復與匈奴和親通關市給遺匈奴遣公主如故約終孝景帝時時小入盜邊無大寇今帝即位明和親約束厚遇通關市饒給之匈奴自單于以下皆親漢往來長城下漢使馬邑下人聶翁壹奸蘭

出物與匈奴交詳為賣馬邑城以誘單于單于信之而貪馬邑財物乃以十萬騎入武州塞漢伏兵三十餘萬馬邑旁御史大夫韓安國為護軍護四將軍以伏單于單于既入漢塞未至馬邑百餘里見畜布野而無人牧者怪之乃攻亭是時鴈門尉史行徼見寇葆此亭知漢兵謀單于得欲殺之尉史乃告單于漢兵所居單于大驚曰吾固疑之乃引兵還出曰吾得尉史天也天使若言以尉史為天王漢兵約單于入馬邑而縱單于不至以故漢兵無所得漢將軍王恢

部出代擊胡輜重閼單于還兵多不敢出漢以恢本造兵謀而不進斬恢自是之後匈奴絶和親攻當路塞往往入盜於漢邊不可勝數然匈奴貪尚樂關市嗜漢財物漢亦尚關市不絶以中之自馬邑軍後五年之秋漢使四將軍各萬騎擊胡關市下將軍衛青出上谷至蘢城得胡首虜七百人公孫賀出雲中無所得公孫敖出代郡為胡所敗七千餘人李廣出鴈門為胡所敗而匈奴生得廣廣後得亡歸漢囚敖廣敖廣贖為庶人其冬匈奴數入盜邊漁陽尤甚漢使

將軍韓安國屯漁陽備胡其明年秋匈奴二萬騎入漢殺遼西太守略二千餘人胡又入敗漁陽太守軍千餘人圍漢將軍安國安國時千餘騎亦且盡會燕救至匈奴乃去匈奴又入鴈門殺略千餘人於是漢使將軍衛青將三萬騎出鴈門李息出代郡擊胡得首虜數千人其明年衛青復出雲中以西至隴西擊胡之樓煩白羊王於河南得胡首虜數千牛羊百餘萬於是漢遂取河南地築朔方復繕故秦時蒙恬所爲塞因河爲固漢亦棄上谷之什辟縣造陽地以予

胡是歲漢之元朔二年也其後冬匈奴軍臣單于死軍臣單于弟左谷蠡王伊稚斜自立為單于攻破軍臣單于太子於單於單亡降漢漢封於單為涉安侯數月而死伊稚斜單于既立其夏匈奴數萬騎入殺代郡太守恭及略千餘人其秋匈奴又入鴈門殺略千餘人其明年匈奴又復入代郡定襄上郡各三萬騎殺略數千人匈奴右賢王怨漢奪之河南地而築朔方數為寇盜邊及入河南侵擾朔方殺略吏民甚衆其明年春漢以衛青為大將軍將六將軍十餘萬

人出朔方高闕擊胡右賢王以爲漢兵不能至飲酒醉漢兵出塞六七百里夜圍右賢王右賢王大驚脫身逃走諸精騎往往隨後去漢得右賢王衆男女萬五千人裨小王十餘人其秋匈奴萬騎入殺代郡都尉朱英略千餘人其明年春漢復遣大將軍衛青將六將軍兵十餘萬騎乃再出定襄數百里擊匈奴得首虜前後凡萬九千餘級而漢亦亡兩將軍軍三千餘騎右將軍建得以身脫而前將軍翕侯趙信兵不利降匈奴趙信者故胡小王降漢漢封爲翕侯以前

將軍與右將軍幷軍分行獨遇單于兵故盡沒
單于既得翕侯以爲自次王用其姊妻之與謀
漢信教單于益北絕幕以誘罷漢兵徼極而取
之無近塞單于從其計其明年胡騎萬人入上
谷殺數百人其明年春漢使驃騎將軍去病將
萬騎出隴西過焉支山千餘里擊匈奴得胡首
虜騎萬八千餘級破得休屠王祭天金人其夏
驃騎將軍復與合騎侯數萬騎出隴西北地二
千里擊匈奴過居延攻祁連山得胡首虜三萬
餘人裨小王以下七十餘人是時匈奴亦來入

代郡鴈門殺略數百人漢使博望侯及李將軍廣出右北平擊匈奴左賢王左賢王圍李將軍卒可四千人且盡殺虜亦過當會博望侯軍救至李將軍得脫漢失亡數千人合騎侯後驃騎將軍期及與博望侯皆當死贖為庶人其秋單于怒渾邪王休屠王居西方為漢所殺虜數萬人欲召誅之渾邪王與休屠王恐謀降漢漢使驃騎將軍往迎之渾邪王殺休屠王并將其衆降漢凡四萬餘人號十萬於是漢已得渾邪王則隴西北地河西益少胡寇徙關東貧民處所

奪匈奴河南新秦中以實之而滅北地以西戍卒半其明年匈奴入右北平定襄各萬數騎殺略千餘人而去其明年春漢謀曰翕侯信為單于計居幕北以為漢兵不能至乃粟馬發十萬騎負私從馬凡十四萬匹糧重不與焉令大將軍青驃騎將軍去病中分軍大將軍出定襄驃騎將軍出代咸約絶幕擊匈奴匈奴單于聞之遠其輜重以精兵待於幕北與漢大將軍接戰一日會暮大風起漢兵縱左右翼圍單于單于自度戰不能如漢兵單于遂獨身與壯騎數百

潰漢圍西北遁走漢兵夜追不得行斬捕匈奴首虜萬九千級北至闐顏山趙信城而還單于之遁走其兵往往與漢兵相亂而隨單于單于久不與其大衆相得其右谷蠡王以爲單于死乃自立爲單于眞單于復得其衆而右谷蠡王乃去其單于號復爲右谷蠡王漢驃騎將軍之出代二千餘里與左賢王接戰漢兵得胡首虜凡七萬餘級左賢王將皆遁走驃騎封於狼居胥山禪姑衍臨翰海而還是後匈奴遠遁而幕南無王庭漢度河自朔方以西至令居往往通

渠置田官吏卒五六萬人稍蠶食地接匈奴以北初漢兩將軍大出圍單于所殺虜八九萬而漢士卒物故亦數萬漢馬死者十餘萬匈奴雖病遠去而漢亦馬少無以復往匈奴用趙信之計遣使於漢好辭請和親天子下其議或言和親或言遂臣之丞相長史任敞曰匈奴新破困宜可使為外臣朝請於邊漢使任敞於單于單于聞敞計大怒留之不遣先是漢亦有所降匈奴使者單于亦輒留漢使相當漢方復收士馬會驃騎將軍去病死於是漢久不北擊胡數歲

伊稚斜單于立十三年死子烏維立爲單于是
歲漢元鼎三年也烏維單于立而漢天子始出
巡郡縣其後漢方南誅兩越不擊匈奴匈奴亦
不侵入邊烏維單于立三年漢已滅南越遣故
太僕賀將萬五千騎出九原二千餘里至浮苴
井而還不見匈奴一人漢又遣故從驃侯趙破
奴萬餘騎出令居數千里至匈奴河水而還亦
不見匈奴一人是時天子巡邊至朔方勒兵十
八萬騎以見武節而使郭吉風告單于郭吉既
至匈奴匈奴主客問所使郭吉禮卑言好曰吾

見單于而口言單于見吉吉曰南越王頭已懸於漢北闕今單于能即前與漢戰天子自將兵待邊單于即不能即南面而臣於漢何徒遠走亡匿於幕北寒苦無水草之地毋為也語卒而單于大怒立斬主客見者而留郭吉不歸遷之北海上而單于終不肯為寇於漢邊休養息士馬習射獵數使使於漢好辭甘言求請和親漢使王烏等窺匈奴匈奴法漢使非去節而以墨黥其面者不得入穹廬王烏北地人習胡俗去其節黥面得入穹廬單于愛之詳許甘言為遣

其太子入漢爲質以求和親漢使楊信於匈奴是時漢東拔穢貉朝鮮以爲郡而西置酒泉郡以鬲絶胡與羌通之路漢又西通月氏大夏又以公主妻烏孫王以分匈奴西方之援國又北益廣田至胘靁爲塞而匈奴終不敢以爲言是歲翕侯信死漢用事者以匈奴爲已弱可臣從也楊信爲人剛直屈強素非貴臣單于不親單于欲召入不肯去節單于乃坐穹廬外見楊信楊信既見單于說曰即欲和親以單于太子爲質於漢單于曰非故約故約漢常遣公主給繒

絮食物有品以和親而匈奴亦不擾邊今乃欲反古令吾太子為質無幾矣匈奴俗見漢使非中貴人其儒先以為欲說折其辯其少年以為欲刺折其氣每漢使入匈奴匈奴輒報償漢留匈奴使匈奴亦留漢使必得當乃肯止楊信既歸漢使王烏而單于復讇以甘言欲多得漢財物紿謂王烏曰吾欲入漢見天子面相約為兄弟王烏歸報漢漢為單于築邸于長安匈奴曰非得漢貴人使吾不與誠語匈奴使其貴人至漢病漢予藥欲愈之不幸而死而漢使路充國

佩二千石印綬往使因送其喪厚葬直數千金曰此漢貴人也單于以為漢殺吾貴使者乃留路充國不歸諸所言者單于特空紿王烏殊無意入漢及遣太子來質於是匈奴數使奇兵侵犯邊漢乃拜郭昌為拔胡將軍及浞野侯屯朔方以東備胡路充國留匈奴三歲單于死烏維單于立十歲而死子烏師廬立為單于年少號為兒單于是歲元封六年也自此之後單于益西北左方兵直雲中右方直酒泉燉煌郡兒單于立漢使兩使者一弔單于一弔右賢王欲以

乖其國使者入匈奴匈奴悉將致單于單于怒而盡留漢使漢使留匈奴者前後十餘輩而匈奴使來漢亦輙留相當是歲漢使貳師將軍廣利西伐大宛而令因杅將軍敖築受降城其冬匈奴大雨雪畜多饑寒死兒單于年少好殺伐國人多不安左大都尉欲殺單于使人間告漢曰我欲殺單于降漢漢遠即兵來迎我我即發初漢聞此言故築受降城猶以為遠其明年春漢使浞野侯破奴將二萬餘騎出朔方西北二千餘里期至浚稽山而還浞野侯既至期而還

左大都尉欲發而覺單于誅之發左方兵擊浞野浞野侯行捕首虜數千人還未至受降城四百里匈奴兵八萬騎圍之浞野侯夜自出求水匈奴間捕生得浞野侯因急擊其軍軍中郭縱爲護維王爲渠相與謀曰及諸校尉畏亡將軍而誅之莫相勸歸軍遂沒於匈奴匈奴兒單于大喜遂遣奇兵攻受降城不能下乃寇入邊而去其明年單于欲自攻受降城未至病死兒單于立三歲而死子年少匈奴乃立其季父烏維單于弟右賢王呴犂湖爲單于是歲太初三年

也呴犂湖單于立漢使光祿徐自爲出五原塞數百里遠者千餘里築城鄣列亭至廬朐而使游擊將軍韓說長平侯衛伉屯其旁使彊弩都尉路博德築居延澤上其秋匈奴大入定襄雲中殺略數千人敗數二千石而去行破壞光祿所築城列亭鄣又使右賢王入酒泉張掖略數千人會任文擊救盡復失所得而去是歲貳師將軍破大宛斬其王而還匈奴欲遮之不能至其冬欲攻受降城會單于病死呴犂湖單于立一歲死匈奴乃立其弟左大都尉且鞮侯爲單

于漢既誅大宛威震外國天子意欲遂困胡乃
下詔曰高皇帝遺朕平城之憂高后時單于書
絕悖逆昔齊襄公復百世之讎春秋大之是歲
太初四年也且鞮侯單于既立盡歸漢使之不
降者路充國等得歸單于初立恐漢襲之乃自
謂我兒子安敢望漢天子漢天子我丈人行也
漢遣中郎將蘇武厚幣賂遺單于單于益驕禮
甚倨非漢所望也其明年浞野侯破奴得亡歸
漢其明年漢使貳師將軍廣利以三萬騎出酒
泉擊右賢王於天山得胡首虜萬餘級而還匈

奴大圍貳師將軍幾不脫漢兵物故什六七漢
復使因杅將軍敖出西河與彊弩都尉會涿涂
山毋所得又使騎都尉李陵將步騎五千人出
居延北千餘里與單于會合戰陵所殺傷萬餘
人兵及食盡欲解歸匈奴圍陵陵降匈奴其兵
遂沒得還者四百人單于乃貴陵以其女妻之
後二歲復使貳師將軍將六萬騎步兵十萬出
朔方彊弩都尉路博德將萬餘人與貳師會游
擊將軍說將步騎三萬人出五原因杅將軍敖
將萬騎步兵三萬人出鴈門匈奴聞悉遠其累

重於余吾水北而單于以十萬騎待水南與貳師將軍接戰貳師乃解而引歸與單于連戰十餘日貳師聞其家以巫蠱族滅因幷衆降匈奴得來還千人一兩人耳游擊說無所得因杅敖與左賢王戰不利引歸是歲漢兵之出擊匈奴者不得言功多少功不得御有詔捕太醫令隨但言貳師將軍家室族滅使廣利得降匈奴

太史公曰孔氏著春秋隱桓之間則章至定哀之際則微為其切當世之文而罔襃忌諱之辭也世俗之言匈奴者患其徼一時之權而務諂

也世俗之言匈奴者患其徼一時之權而務讇納其說以便偏指不參彼已將率席中國廣大氣奮人主因以決策是以建功不深堯雖賢興事業不成得禹而九州寧且欲興聖統唯在擇任將相哉唯在擇任將相哉

## 霍光傳

霍光字子孟票騎將軍去病弟也父中孺河東平陽人也以縣吏給事平陽侯家與侍者衛少兒私通而生去病中孺吏畢歸家娶婦生光因絶不相聞久之少兒女弟子夫得幸於武帝立

為皇后去病以皇后姊子貴幸既壯大迺自知父為霍中孺未及求問會為票騎將軍擊匈奴道出河東河東太守郊迎負弩矢先驅至平陽傳舍遣吏迎霍中孺中孺趨入拜謁將軍迎拜因跪曰去病不早自知為大人遺體也中孺扶服叩頭曰老臣得託命將軍此天力也去病大為中孺買田宅奴婢而去還復過焉迺將光西至長安時年十餘歲任光為郎稍遷諸曹侍中去病死後光為奉車都尉光祿大夫出則奉車入侍左右出入禁闥二十餘年小心謹慎未嘗

有過甚見親信征和二年衛太子為江充所敗
而燕王旦廣陵王胥皆多過失是時上年老寵
姬鉤弋趙倢伃有男上心欲以為嗣命大臣輔
之察羣臣唯光任大重可屬社稷上迺使黃門
畫者畫周公負成王朝諸侯以賜光後元二年
春上游五柞宮病篤光涕泣問曰如有不諱誰
當嗣者上曰君未諭前畫意耶立少子君行周
公之事光頓首讓曰臣不如金日磾日磾亦曰
臣外國人不如光上以光為大司馬大將軍日
磾為車騎將軍及太僕上官桀為左將軍搜粟

都尉桑弘羊為御史大夫皆拜臥內牀下受遺詔輔少主明日武帝崩太子襲尊號是為孝昭皇帝帝年八歲政事壹決於光先是後元年侍中僕射莽何羅與弟重合侯通謀為逆時光與金日磾上官桀等共誅之功未錄武帝病封璽書曰帝崩發書以從事遺詔封金日磾為秺侯上官桀為安陽侯光為博陸侯皆以前捕反者功封時衛尉王莽子男忽侍中揚語曰帝病忽常在左右安得遺詔封三子事羣兒自相貴耳光聞之切讓王莽莽酖殺忽光為人沈靜詳審

長財七尺三寸白晳疏眉目美須髯每出入下殿門止進有常處郎僕射竊識視之不失尺寸其資性端正如此初輔幼主政自己出天下想聞其風采殿中嘗有怪一夜羣臣相驚光召尙符璽郎郎不肯授光光欲奪之郎按劍曰臣頭可得璽不可得也光甚誼之明日詔增此郎秩二等衆庶莫不多光光與左將軍桀結婚相親光長女爲桀子安妻有女年與帝相配桀因帝姊鄂邑蓋主內安女後宮爲倢伃數月立爲皇后父安爲票騎將軍封桑樂侯光時休沐出桀

輒入代光決事桀父子既尊盛而德長公主公
主內行不修近幸河閒丁外人桀安欲為外人
求封幸依國家故事以列侯尚公主者光不許
又為外人求光祿大夫欲令得召見又不許長
公主以是怨光而桀安數為外人求官爵弗能
得亦慙自先帝時桀已為九卿位在光右及父
子並為將軍有椒房中宮之重皇后親安女光
迺其外祖而顧專制朝事繇是與光爭權燕王
旦自以昭帝兄常懷怨望及御史大夫桑弘羊
建造酒榷鹽鐵為國興利伐其功欲為子弟得

官亦怨恨光於是蓋主上官桀安及弘羊皆與燕王旦通謀詐令人為燕王上書言光出都肄郎羽林道上稱蹕太官先置又引蘇武前使匈奴拘留二十年不降還迺為典屬國而大將軍長史敞亡功為搜粟都尉又擅調益莫府校尉光專權自恣疑有非常臣旦願歸符璽入宿衛察姦臣變候司光出沐日奏之桀欲從中下其事桑弘羊當與諸大臣共執退光書奏帝不肯下明旦光聞之止畫室中不入上問大將軍安在左將軍桀對曰以燕王告其罪故不敢入有

詔召大將軍光入免冠頓首謝上曰將軍冠朕
知是書詐也將軍亡罪光曰陛下何以知之上
曰將軍之廣明都郎屬耳調校尉以來未能十
日燕王何以得知之且將軍為非不須校尉是
時帝年十四尚書左右皆驚而上書者果亡捕
之甚急桀等懼白上小事不足遂上不聽後桀
黨與有譖光者上輒怒曰大將軍忠臣先帝所
屬以輔朕身敢有毀者坐之自是桀等不敢復
言廼謀令長公主置酒請光伏兵格殺之因廢
帝迎立燕王為天子事發覺光盡誅桀安弘羊

外人宗族燕王蓋主皆自殺光威震海内昭帝既冠遂委任光訖十三年百姓充實四夷賔服元平元年昭帝崩亡嗣武帝六男獨有廣陵王胥在羣臣議所立咸持廣陵王王本以行失道先帝所不用光内不自安郎有上書言周太王廢太伯立王季文王舍伯邑考立武王唯在所宜雖廢長立少可也廣陵王不可以承宗廟言合光意光以其書視丞相敞等擢郎為九江太守即日承皇太后詔遣行大鴻臚事少府樂成宗正德光禄大夫吉中郎將利漢迎昌邑王賀

賀者武帝孫昌邑哀王子也既至即位行淫亂
光憂懣獨以問所親故吏大司農田延年延年
曰將軍爲國柱石審此人不可何不建白太后
更選賢而立之光曰今欲如是於古嘗有此不
延年曰伊尹相殷廢太甲以安宗廟後世稱其
忠將軍若能行此亦漢之伊尹也光迺引延年
給事中陰與車騎將軍張安世圖計遂召丞相
御史將軍列侯中二千石大夫博士會議未央
宮光曰昌邑王行昏亂恐危社稷如何羣臣皆
驚鄂失色莫敢發言但唯唯而已田延年前離

席按劒曰先帝屬將軍以幼孤寄將軍以天下以將軍忠賢能安劉氏也今羣下鼎沸社稷將傾且漢之傳謚常爲孝者以長有天下令宗廟血食也如令漢家絶祀將軍雖死何面目見先帝於地下乎今日之議不得旋踵羣臣後應者臣請劒斬之光謝曰九卿責光是也天下匈匈不安光當受難於是議者皆叩頭曰萬姓之命在於將軍唯大將軍令光即與羣臣俱見白太后具陳昌邑王不可以承宗廟狀皇太后迺車駕幸未央承明殿詔諸禁門毋内昌邑羣臣王

入朝太后還乘輦欲歸温室中黄門宦者各持門扇王入門閉昌邑羣臣不得入王曰何為大將軍跪曰有皇太后詔毋内昌邑羣臣王曰徐之何迺驚人如是光使盡驅出昌邑羣臣置金馬門外車騎將軍安世將羽林騎收縛二百餘人皆送廷尉詔獄令故昭帝侍中中臣侍守王光敕左右謹宿衛卒有物故自裁令我負天下有殺主名王尚未自知當廢謂左右我故羣臣從官安得罪而大將軍盡繫之乎須之有太后詔召王王聞召意恐迺曰我安得罪而召我哉

太后被珠襦盛服坐武帳中侍御數百人皆持兵期門武士陛戟陳列殿下羣臣以次上殿召昌邑王伏前聽詔光與羣臣連名奏王尚書令讀奏曰丞相臣敞大司馬大將軍臣光車騎將軍臣安世度遼將軍臣明友前將軍臣增後將軍臣充國御史大夫臣誼宜春侯臣譚當塗侯臣聖隨桃侯臣昌樂杜侯臣屠耆堂太僕臣延年太常臣昌大司農臣延年宗正臣德少府臣樂成廷尉臣光執金吾臣延壽大鴻臚臣賢左馮翊臣廣明右扶風臣德長信少府臣嘉典屬

國臣武京輔都尉臣廣漢司隸校尉臣辟兵諸吏文學光祿大夫臣遷臣畸臣吉臣賜臣管臣勝臣梁臣長幸臣夏侯勝太中大夫臣德臣卬昧死言皇太后陛下臣敞等頓首死罪天子所以永保宗廟總壹海內者以慈孝禮誼賞罰為本孝昭皇帝早棄天下亡嗣臣敞等議禮曰為人後者為之子也昌邑王宜嗣後遣宗正大鴻臚光祿大夫奉節使徵昌邑王典喪服斬縗亡悲哀之心廢禮誼居道上不素食使從官略女子載衣車內所居傳舍始至謁見立為皇太子

常私買鷄豚以食受皇帝信璽行璽大行前就次發璽不封從官吏持節引内昌邑從官騶宰官奴二百餘人常與居禁闥内敖戲自之符璽取節十六朝暮臨令從官吏持節從爲書曰皇帝問侍中君卿使中御府令高昌奉黄金千斤賜君卿取十妻大行在前殿發樂府樂器引内昌邑樂人擊鼓歌吹作俳倡會下還上前殿擊鐘磬台内泰壹宗廟樂人輦道牟首鼓吹歌舞悉奏衆樂發長安廚三太牢具祠閣室中祀已與從官飲啗駕法駕皮軒鸞旗驅馳北宫桂宫

弄彘鬬虎召皇太后御小馬車使官奴騎乘遊
戲掖庭中與孝昭皇帝宮人蒙等淫亂詔掖庭
令敢泄言要斬太后曰止為人臣子當悖亂如
是邪王離席伏尚書令復讀曰取諸侯王列侯
二千石綬及墨綬黃綬以幷佩昌邑郎官者免
奴變易節上黃旄以赤發御府金錢刀劍玉器
采繒賞賜所與遊戲者與從官官奴夜飲湛沔
於酒詔太官上乘輿食如故食監奏未釋服未
可御故食復詔太官趣具無關食監太官不敢
具即使從官出買鷄豚詔殿門內以為常獨夜

設九賓温室延見姊夫昌邑關內侯祖宗廟祠未舉為璽書使使者持節以三大牢祠昌邑哀王園廟稱嗣子皇帝受璽以来二十七日使者旁午持節詔諸官署徵發凡千一百二十七事文學光禄大夫夏侯勝等及侍中傅嘉數進諫以過失使人簿責勝縛嘉繫獄荒淫迷惑失帝王禮誼亂漢制度臣敞等數進諫不變更日以益甚恐危社稷天下不安臣敞等謹與博士臣霸臣雋舍臣德臣虞舍臣射臣倉議皆曰高皇帝建功業為漢太祖孝文皇帝慈仁節儉為太

宗今陛下嗣孝昭皇帝後行淫辟不軌詩云籍
曰未知亦既抱子五辟之屬莫大不孝周襄王
不能事母春秋曰天王出居于鄭繇不孝出之
絕之於天下也宗廟重於君陛下未見命高廟
不可以承天序奉祖宗廟子萬姓當廢臣請有
司御史大夫臣誼宗正臣德太常臣昌與太祝
以一太牢具告祠高廟臣敞等昧死以聞皇太
后詔曰可光令王起拜受詔王曰聞天子有争
臣七人雖亡道不失天下光曰皇太后詔廢安
得天子廼即持其手解脫其璽組奉上太后扶

王下殿出金馬門羣臣隨送王西面拜曰愚戇不任漢事起就乘輿副車大將軍光送至昌邑邸光謝曰王行自絕於天臣等駑怯不能殺身報德臣寧負王不敢負社稷願王自愛臣長不復見左右光涕泣而去羣臣奏言古者廢放之人屛於遠方不及以政請徙王賀漢中房陵縣太后詔歸賀昌邑賜湯沐邑二千戶昌邑羣臣坐亡輔導之誼陷王於惡光悉誅殺二百餘人出死號呼市中曰當斷不斷反受其亂光坐庭中會丞相以下議定所立廣陵王已前不用及

燕刺王亦誅其子不在議中近親唯有衛太子孫號皇曾孫在民間咸稱述焉光遂復與丞相敞等上奏曰禮曰人道親親故尊祖尊祖故敬宗大宗亡嗣擇支子孫賢者為嗣孝武皇帝曾孫病已武帝時有詔掖庭養視至今年十八師受詩論語孝經躬行節儉慈仁愛人可以嗣孝昭皇帝後奉承祖宗廟子萬姓臣昧死以聞皇太后詔曰可光遣宗正劉德至曾孫家尚冠里洗沐賜御衣太僕以軨獵車迎曾孫就齋宗正府入未央宮見皇太后封為陽武侯已而光奉

上皇帝璽綬謁于高廟是為孝宣皇帝明年下詔曰夫褒有德賞元功古今通誼也大司馬大將軍光宿衛忠正宣德明恩守節秉誼以安宗廟其以河北東武陽益封光萬七千戶與故所食凡二萬戶賞賜前後黃金七千斤錢六千萬雜繒三萬疋奴婢百七十人馬二千疋甲第一區自昭帝時光子禹及兄孫雲皆中郎將雲弟山奉車都尉侍中領胡越兵光兩女壻為東西宮衛尉昆弟諸壻外孫皆奉朝請為諸曹大夫騎都尉給事中黨親連體根據於朝廷光自後

元秉持萬機及上即位迺歸政上謙讓不受諸事皆先關白光然後奏御天子光每朝見上虛己斂容禮下之已甚光秉政前後二十年地節二年春病篤車駕自臨問光病上為之涕泣光上書謝恩曰願分國邑三千戶以封兄孫奉車都尉山為列侯奉兄票騎將軍去病祀事下丞相御史即日拜光子禹為右將軍光薨上及皇太后親臨光喪太中大夫任宣與侍御史五人持節護喪事中二千石治莫府冢上賜金錢繒絮繡被百領衣五十篋璧珠璣玉衣梓宮便房

黃腸題湊各一具樅木外藏椁十五具東園温
明皆如乘輿制度載光尸柩以輼輬車黃屋左
纛發材官輕車北軍五校士軍陳至茂陵以送
其葬謚曰宣成侯發三河卒穿復土起冢祠堂
置園邑三百家長丞奉守如舊法既葬封山爲
樂平侯以奉車都尉領尚書事天子思光功德
下詔曰故大司馬大將軍博陸侯宿衛孝武皇
帝三十有餘年輔孝昭皇帝十有餘年遭大難
躬秉誼率三公九卿大夫定萬世册以安社稷
天下蒸庶咸以康寧功德茂盛朕甚嘉之復其

後世疇其爵邑世世無有所與功如蕭相國明年夏封太子外祖父許廣漢為平恩侯復下詔曰宣成侯光宿衛忠正勤勞國家善善及後世其封光兄孫中郎將雲為冠陽侯禹既嗣為博陸侯太夫人顯改光時所自造塋制而侈大之起三出闕築神道北臨昭靈南出承恩盛飾祠室輦閣通屬永巷而幽良人婢妾守之廣治第室作乘輿輦加畫繡絪馮黃金塗韋絮薦輪侍婢以五采絲輓顯游戲第中初光愛幸監奴馮子都常與計事及顯寡居與子都亂而禹山亦

並繕治第宅走馬馳逐平樂館雲當朝請數稱
病私出多從賓客張圍獵黃山苑中使蒼頭奴
上朝謁莫敢譴者而顯及諸女晝夜出入長信
宮殿中亡期度宣帝自在民間聞知霍氏尊盛
日久內不能善光薨上始躬親朝政御史大夫
魏相給事中顯謂禹雲山女曹不務奉大將軍
餘業今大夫給事中他人壹間女能復自救邪
後兩家奴争道霍氏奴入御史府欲躢大夫門
御史爲叩頭謝迺去人以謂霍氏顯等始知憂
會魏大夫爲丞相數燕見言事平恩侯與侍中

金安上等徑出入省中時霍山自若領尚書上令吏民得奏封事不關尚書羣臣進見獨往來於是霍氏甚惡之宣帝始立立微時許妃為皇后顯愛小女成君欲貴之私使乳醫淳于衍行毒藥殺許后因勸光內成君代立為后語在外戚傳始許后暴崩吏捕諸醫劾衍侍疾亡狀不道下獄吏簿問急顯恐事敗即具以實語光光大驚欲自發舉不忍猶與會奏上因署衍勿論光薨後語稍泄於是上始聞之而未察迺徙光女壻度遼將軍未央衛尉平陵侯范明友為光

祿勳次壻諸吏中郎將羽林監任勝出爲安定太守數月復出光姊壻給事中光祿大夫張朔爲蜀郡太守羣孫壻中郎將王漢爲武威太守頃之復徙光長女壻長樂衛尉鄧光漢爲少府更以禹爲大司馬冠小冠亡印綬罷其右將軍屯兵官屬特使禹官名與光俱大司馬者又收范明友度遼將軍印綬但爲光祿勳及光中女壻趙平爲散騎騎都尉光祿大夫將屯兵又收平騎都尉印綬諸領胡越騎羽林及兩宮衛將屯兵悉易以所親信許史子弟代之禹爲大司

馬稱病禹故長史任宣候問禹曰我何病縣官非我家將軍不得至是今將軍墳墓未乾盡外我家反任許史奪我印綬令人不省死宣見禹恨望深迺謂曰大將軍時何可復行持國權柄殺生在手中廷尉李种王平左馮翊賈勝胡及車丞相女壻少府徐仁皆坐逆將軍意下獄死使樂成小家子得幸將軍至九卿封侯百官以下但事馮子都王子方等視丞相亡如也各自有時今許史自天子骨肉貴正宜耳大司馬欲用是怨恨愚以為不可禹默然數日起視事顯

及禹山雲自見日侵削數相對啼泣自怨山曰今丞相用事縣官信之盡變易大將軍時法令以公田賦與貧民發揚大將軍過失又諸儒生多窶人子遠客飢寒喜妄說狂言不避忌諱大將軍常讎之今陛下好與諸儒生語人人自使書封事多言我家者嘗有上書言大將軍時主弱臣強專制擅權今其子孫用事昆弟益驕恣恐危宗廟災異數見盡爲是也其言絕痛山屏不奏其書後上書者益黠盡奏封事輒使中書令出取之不關尚書益不信人顯曰丞相數言

我家獨亡罪乎山曰丞相廉正安得罪我家昆弟諸壻多不謹又聞民間讙言霍氏毒殺許皇后寧有是邪顯恐急即具以實告山雲禹山雲禹驚曰如是何不早告禹等縣官離散斥逐諸壻用是故也此大事誅罰不小奈何於是始有邪謀矣初趙平客石夏善爲天官語平曰熒惑守御星御星太僕奉車都尉也不黜則死平内憂山等雲舅李竟所善張赦見雲家卒卒謂竟曰今丞相與平恩侯用事可令太夫人言太后先誅此兩人移徙陛下在太后耳長安男子張

章告之事下廷尉執金吾捕張赦石夏等後有詔止勿捕山等愈恐相謂曰此縣官重太后故不竟也然惡端已見又有弒許后事陛下雖寬仁恐左右不聽久之猶發發即族矣不如先也遂令諸女各歸報其夫皆曰安所相避會李竟坐與諸侯王交通辭語及霍氏有詔雲山不宜宿衛免就第光諸女遇太后無禮馮子都數犯法上幷以爲讓山禹等甚恐顯夢第中井水溢流庭下竈居樹上又夢大將軍謂顯曰知捕兒不亟下捕之第中鼠暴多與人相觸以尾畫地

鴞數鳴殿前樹上第門自壞雲尚冠里宅中門亦壞巷端人共見有人居雲屋上撤瓦投地就視亡有大怪之禹夢車騎聲正讙來捕禹舉家憂愁山曰丞相擅減宗廟羔菟鼃可以此罪也謀令太后為博平君置酒召丞相平恩侯以下使范明友鄧廣漢承太后制引斬之因廢天子而立禹約定未發雲拜為玄菟太守太中大夫任宣為代郡太守山又坐寫秘書顯為上書獻城西第入馬千疋以贖山罪書報聞會事發覺雲山明友自殺顯禹廣漢等捕得禹要斬顯及

諸女昆弟皆棄市唯獨霍后廢處昭臺宮與霍氏相連坐誅滅者數千家上迺下詔曰迺者東織室令史張赦使魏郡豪李竟報冠陽侯雲謀爲大逆朕以大將軍故抑而不揚冀其自新今大司馬博陸侯禹與母宣成侯夫人顯及從昆弟子冠陽侯雲樂平侯山諸姊妹壻謀爲大逆欲詿誤百姓賴宗廟神靈先發得咸伏其辜朕甚悼之諸爲霍氏所詿誤事在丙申前未發覺在吏者皆赦除之男子張章先發覺以語期門董忠忠告左曹楊惲惲告侍中金安上惲召見

對狀後章上書以聞侍中史高與金安上建發其事言無入霍氏禁闥卒不得遂其謀皆讎有功封章爲博成侯忠高昌侯惲平通侯安上都成侯高樂陵侯初霍氏奢侈茂陵徐生曰霍氏必亡夫奢則不遜不遜必侮上侮上者逆道也在人之右衆必害之霍氏秉權日久害之者多矣天下害之而又行以逆道不亡何待迺上疏言霍氏泰盛陛下即愛厚之宜以時抑制無使至亡書三上輒報聞其後霍氏誅滅而告霍氏者皆封人爲徐生上書曰臣聞客有過主人者

見其竈直突傍有積薪客謂主人更為曲突遠徙其薪不者且有火患主人嘿然不應俄而家果失火鄰里共救之幸而得息於是殺牛置酒謝其鄰人灼爛者在於上行餘各以功次坐而不錄言曲突者人謂主人曰鄉使聽客之言不費牛酒終亡火患今論功而請賓曲突徙薪亡恩澤燋頭爛額為上客耶主人迺寤而請之今茂陵徐福數上書言霍氏且有變宜防絶之鄉使福說得行則國亡裂土出爵之費臣亡逆亂誅滅之敗往事既已而福獨不蒙其功惟陛下

察之貴從薪曲突之策使居焦髮灼爛之右上
廼賜福帛十疋後以為郎宣帝始立謁見高廟
大將軍光從驂乘上內嚴憚之若有芒刺在背
後車騎將軍張安世代光驂乘天子從容肆體
甚安近焉及光身死而宗族竟誅故俗傳之曰
威震主者不畜霍氏之禍萌於驂乘至成帝時
為光置守冢百家吏卒奉祀焉元始二年封光
從父昆弟曾孫陽為博陸侯千戶

贊曰霍光以結髮內侍起於階闥之間確然秉
志誼形於主受襁褓之託任漢室之寄當廟堂

擁幼君擢燕王什上官因權制敵以成其忠處
廢置之際臨大節而不可奪遂匡國家安社稷
擁昭立宣光為師保雖周公阿衡何以加此然
光不學亡術闇於大理陰妻邪謀立女為后湛
溺盈溢之欲以增顛覆之禍死財三年宗族誅
夷哀哉昔霍叔封於晋晋即河東光豈其苗裔
乎金日磾夷狄亡國羈虜漢庭而以篤敬寤主
忠信自著勒功上將傳國後嗣世名忠孝七世
內侍何其盛也本以休屠作金人為祭天主故
因賜姓金氏云

## 夏侯勝傳

夏侯勝字長公初魯共王分魯西寧鄉以封子節侯別屬大河大河後更名東平故勝為東平人勝少孤好學從始昌受尚書及洪範五行傳說災異後事蕑卿又從歐陽氏問為學精孰所問非一師也善說禮服徵為博士光祿大夫會昭帝崩昌邑王嗣立數出勝當乘輿前諫曰天久陰而不雨臣下有謀上者陛下出欲何之王怒謂勝為祅言縛以屬吏吏白大將軍霍光光不舉法是時光與車騎將軍張安世謀欲廢昌

邑王光讓安世以為泄語安世實不言迺召問勝勝對言在洪範傳曰皇之不極厥罰常陰時則下人有伐上者惡察察言故云臣下有謀光安世大驚以此益重經術士後十餘日光卒與安世共白太后廢昌邑王尊立宣帝光以為羣臣奏事東宮太后省政宜知經術白令勝用尚書授太后遷長信少府賜爵關內侯以與謀廢立定策安宗廟益千戶宣帝初即位欲襃先帝詔丞相御史曰朕以眇身蒙遺德承聖業奉宗廟夙夜惟念孝武皇帝躬仁誼厲威武北征匈

奴單于遠遁南平氐羌昆明甌駱兩越東定薉
貉朝鮮廓地斥境立郡縣百蠻率服款塞自至
珍貢陳於宗廟協音律造樂歌薦上帝封太山
立明堂改正朔易服色明開聖緒尊賢顯功興
滅繼絶襃周之後備天地之禮廣道術之路上
天報況符瑞並應寶鼎出白麟獲海效鉅魚神
人並見山稱萬歲功德茂盛不能盡宣而廟樂
未稱朕甚悼焉其與列侯二千石博士議於是
羣臣大議廷中皆曰宜如詔書長信少府勝獨
曰武帝雖有攘四夷廣土斥境之功然多殺士

衆竭民財力奢泰亡度天下虛耗百姓流離物故者過半蝗蟲大起赤地數千里或人民相食畜積至今未復亡德澤於民不宜為立廟樂公卿共難勝曰此詔書也勝曰詔書不可用也人臣之誼宜直言正論非苟阿意順指議已出口雖死不悔於是丞相義御史大夫廣明劾奏勝非議詔書毀先帝不道及丞相長史黃霸阿縱勝不舉劾俱下獄有司遂請尊孝武帝廟為世宗廟奏盛德文始五行之舞天下世世獻納以明盛德武帝巡狩所幸郡國凡四十九皆立廟

如高祖太宗焉勝霸旣久繫霸欲從勝受經勝辭以罪死霸曰朝聞道夕死可矣勝賢其言遂授之繫再更冬講論不怠至四年夏關東四十九郡同日地動或山崩壞城郭室屋殺六千餘人上乃素服避正殿遣使者弔問吏民賜死者棺錢下詔曰蓋災異者天地之戒也朕承洪業託士民之上未能和羣生曩者地震北海琅邪壞祖宗廟朕甚懼焉其與列侯中二千石博問術士有以應變補朕之闕毋有所諱因大赦勝出爲諫大夫給事中霸爲揚州刺史勝爲人質

樸守正簡易亡威儀見時謂上為君誤相字於
前上亦以是親信之嘗見出道上語上聞而讓
勝勝曰陛下所言善臣故揚之堯言布於天下
至今見誦臣以為可傳故傳耳朝廷每有大議
上知勝素直謂曰先生通正言無懲前事勝復
為長信少府遷太子太傅受詔撰尚書論語說
賜黃金百斤年九十卒官賜冢塋葬平陵太后
賜錢二百萬為勝素服五日以報師傅之恩儒
者以為榮始勝每講授常謂諸生曰士病不明
經術經術茍明其取青紫如俛拾地芥耳學經

不明不如歸耕勝從父子建字長卿自師事勝

及歐陽高左右采獲又從五經諸儒問與尚書

相出入者牽引以次章句具文飾說勝非之曰

建所謂章句小儒破碎大道建亦非勝爲學䟽

略難以應敵建卒自顓門名經爲議郎博士至

太子少傅勝子兼爲左曹太中大夫孫堯至長

信少府司農鴻臚曾孫蕃郡守州牧長樂少府

勝同產弟子賞爲梁內史梁內史子定國爲豫

章太守而建子千秋亦爲少府太子少傅

史記英選卷之七

史記英選卷之八

魏相丙吉傳

魏相字弱翁濟陰定陶人也徙平陵少學易爲郡卒史舉賢良以對策高第爲茂陵令頃之御史大夫桑弘羊客詐稱御史止傳丞不以時謁客怒縛丞相疑其有姦收捕案致其罪論棄客市茂陵大治後遷河南太守禁止姦邪豪彊畏服會丞相車千秋死先是千秋子爲雒陽武庫令自見失父而相治郡嚴恐久獲罪乃自免去相使掾追呼之遂不肯還相獨恨曰大將軍聞

此令去官必以為我用丞相死不能遇其子使當世貴人非我殆矣武庫令西至長安大將軍霍光果以責過相曰幼主新立以為函谷京師之固武庫精兵所聚故以丞相弟為關都尉子為武庫令今河南太守不深惟國家大策苟見丞相不在而斥逐其子何淺薄也後人有告相賊殺不辜事下有司河南卒戍中都官者二三千人遮大將軍自言願復留作一年以贖太守罪河南老弱萬餘人守關欲入上書關吏以聞大將軍用武庫令事遂下相廷尉獄久繫踰冬

會赦出復有詔守茂陵令遷揚州刺史考案郡國守相多所貶退相與丙吉相善時吉為光祿大夫予相書曰朝廷已深知弱翁治行方且大用矣願少慎事自重藏器于身相心善其言為霽威嚴居部二歲徵為諫大夫復為河南太守數年宣帝即位徵相入為大司農遷御史大夫四歲大將軍霍光薨上思其功德以其子禹為右將軍兄子樂平侯山復領尚書事相因平恩侯許伯奏封事言春秋譏世卿惡宋三世為大夫及魯季孫之專權皆危亂國家自後元以來

禄去王室政繇冢宰令光死子復爲大將軍兄子秉樞機昆弟諸壻據權勢在兵官光夫人顯及諸女皆通籍長信宮或夜詔門出入驕奢放縱恐寖不制宜有以損奪其權破散陰謀以固萬世之基全功臣之世又故事諸上書者皆爲二封署其一曰副領尚書者先發副封所言不善屏去不奏相復因許伯白去副封以防雍蔽宣帝善之詔相給事中皆從其議霍氏殺許后之謀始得上聞乃罷其三侯令就第親屬皆出補吏於是韋賢以老病免相遂代爲丞相封高

平侯食邑八百户及霍氏怨相又憚之謀矯太
后詔先召斬丞相然後廢天子事覺伏誅宣
帝始親萬機厲精為治練羣臣核名實而相總
領衆職甚稱上意元康中匈奴遣兵擊漢屯田
車師者不能下上與後將軍趙充國等議欲因
匈奴衰弱出兵擊其右地使不敢復擾西域相
上書諫曰臣聞之救亂誅暴謂之義兵兵義者
王敵加於已不得已而起者謂之應兵兵應者
勝爭恨小故不忍憤怒者謂之忿兵兵忿者敗
利人土地貨寶者謂之貪兵兵貪者破恃國家

之大矜民人之衆欲見威於敵者謂之驕兵兵驕者滅此五者非但人事迺天道也間者匈奴嘗有善意所得漢民輒奉歸之未有犯於邊境雖爭屯田車師不足致意中今聞諸將軍欲與兵入其地臣愚不知此兵何名者也今邊郡困乏父子共犬羊之裘食草萊之實常恐不能自存難以動兵軍旅之後必有凶年言民以其愁苦之氣傷陰陽之和也出兵雖勝猶有後憂恐災害之變因此以生今郡國守相多不實選風俗尤薄水旱不時案今年計子弟殺父兄妻殺

虞同娛

夫者凡二百二十二人臣愚以為此非小變也
今左右不憂此乃欲發兵報纖介之忿於遠夷
殆孔子所謂吾恐季孫之憂不在顓臾而在蕭
牆之内也願陛下與平昌侯樂昌侯平恩侯及
有識者詳議乃可上從相言而止相明易經有
師法好觀漢故事及便宜章奏以為古今異制
方今務在奉行故事而已數條漢興已來國家
便宜行事及賢臣賈誼鼂錯董仲舒等所言奏
請施行之曰臣聞明主在上賢輔在下則君安
虞而民和睦臣相幸得備位不能奉明法廣教

入制用以備凶災亡六年之畜尚謂之急元鼎二年平原勃海太山東郡溥被災害民餓死於道路二千石不豫慮其難使至於此賴明詔振救乃得蒙更生今歲不登穀暴騰踴臨秋收斂猶有之者至春恐甚亡以相恤西羌未平師旅在外兵革相乘臣竊寒心宜蚤圖其備唯陛下留神元元帥繇先帝盛德以撫海內上施行其策又數表采易陰陽及明堂月令奏之曰臣相幸得備員奉職不修不能宣廣教化陰陽未和災害未息咎在臣等臣聞易曰天地以順動故

波音
陂

化理四方以宣聖德民多背本趨末或有飢寒之色爲陛下之憂臣相罪當萬死臣相知能淺薄不明國家大體時用之宜惟民終始未得所繇竊伏覩先帝聖德仁恩之厚勤勞天下垂意黎庶憂水旱之災爲民貧窮發倉廩賑之饑遣諫大夫博士巡行天下察風俗舉賢良平寃獄冠蓋交道省諸用寬租賦弛山澤波池禁秣馬酤酒貯積所以周急繼困慰安元元便利百姓之道甚備臣相不能悉陳昧死奏故事詔書凡二十三事臣謹案王法必本於農而務積聚量

日月不過四時不忒聖王以順動故刑罰清而民服天地變化必繇陰陽陰陽之分以日為紀日冬夏至則八風之序立萬物之性成各有常職不得相干東方之神太昊乘震執規司春南方之神炎帝乘離執衡司夏西方之神少昊乘兌執矩司秋北方之神顓頊乘坎執權司冬中央之神黃帝乘坤艮執繩司下土茲五帝所司各有時也東方之卦不可以治西方南方之卦不可以治北方春興兌治則飢秋興震治則華冬興離治則泄夏興坎治則雹明王謹于尊天

愼于養人故立羲和之官以乘四時節授民事君動靜以道奉順陰陽則日月光明風雨時節寒暑調和三者得叙則災害不生五穀孰絲麻遂草木茂鳥獸蕃民不夭疾衣食有餘若是則君尊民說上下亡怨政教不違禮讓可興夫風雨不時則傷農桑農桑傷則民飢寒飢寒在身則亡廉恥寇賊姦宄所繇生也臣愚以爲陰陽者王事之本羣生之命自古賢聖未有不繇者也天子之義必純取法天地而觀於先聖高皇帝所述書天子所服第八曰大謁者臣章受詔

長樂宮曰令羣臣議天子所服以安治天下相國臣何御史大夫臣昌謹與將軍臣陵太子太傅臣通等議春夏秋冬天子所服當法天地之數中得人和故自天子王侯有土之君下及兆民能法天地順四時以治國家身亡禍殃年壽永究是奉宗廟安天下之大禮也臣請法之中謁者趙堯舉春李舜舉夏兒湯舉秋貢禹舉冬四人各職一時大謁者襄章奏制曰可孝文皇帝時以二月施恩惠於天下賜孝弟力田及罷軍卒祠死事者頗非時節御史大夫鼂錯時為

太子家令奏言其狀臣相伏念陛下恩澤甚厚然而災氣未息竊恐詔令有未合當時者也願陛下選明經通知陰陽者四人各主一時時至明言所職以和陰陽天下幸甚相數陳便宜上納用焉相敕掾史案事郡國及休告從家還至府輒白四方異聞或有逆賊風雨災變郡不上相輒奏言之時丙吉為御史大夫同心輔政上皆重之相為人嚴毅不如吉寛視事九歲神爵三年薨謚曰憲侯子弘嗣甘露中有罪削爵為關內侯

丙吉字少卿魯國人也治律令為魯獄史積功勞稍遷至廷尉右監坐法失官歸為州從事武帝末巫蠱事起吉以故廷尉監徵詔治巫蠱郡邸獄時宣帝生數月以皇曾孫坐衛太子事繫吉見而憐之又心知太子無事實重哀曾孫無辜吉擇謹厚女徒令保養曾孫置閒燥處吉治巫蠱事連歲不決後元二年武帝疾往來長楊五柞宮望氣者言長安獄中有天子氣於是上遣使者分條中都官詔獄繫者亡輕重一切皆殺之內謁者令郭穰夜到郡邸獄吉閉門拒使

者不納曰皇曾孫在他人亡辜死者猶不可況親曾孫乎相守至天明不得入穰還以聞因劾奏吉武帝亦寤曰天使之也因赦天下郡邸獄繫者獨賴吉得生恩及四海矣曾孫病幾不全者數焉吉數敕保養乳母加致醫藥視遇甚有恩惠以私財物給其衣食後吉為車騎將軍軍市令遷大將軍長史霍光甚重之入為光祿大夫給事中昭帝崩亡嗣大將軍光遣吉迎昌邑王賀賀即位以行淫亂廢光與車騎將軍張安世諸大臣議所立未定吉奏記光曰將軍事孝

武皇帝受襁褓之屬任天下之寄孝昭皇帝早崩亡嗣海内憂懼欲亟聞嗣主發喪之日以大誼立後所立非其人復以大誼廢之天下莫不服焉方今社稷宗廟羣生之命在將軍之壹舉竊伏聽於衆庶察其所言諸侯宗室在位列者未有所聞於民間也而遺詔所養武帝曾孫名病已在掖庭外家者吉前使居郡邸時見其幼少至今十八九矣通經術有美材行安而節和願將軍詳大議參以蓍龜豈宜褒顯先使入侍令天下昭然知之然後決定大策天下幸甚光

覽其議遂尊立皇曾孫遣宗正劉德與吉迎曾孫於掖庭宣帝初即位賜吉爵關內侯吉為人深厚不伐善自曾孫遭遇吉絕口不道前恩故朝廷莫能明其功也地節三年立皇太子吉為太子太傅數月遷御史大夫及霍氏誅上躬親政省尚書事是時掖庭宮婢則令民夫上書自陳嘗有阿保之功章下掖庭令考問則辭引使者丙吉知狀掖庭令將則詣御史府以視吉吉識謂則曰汝嘗坐養皇曾孫不謹督笞汝安得有功獨渭城胡組淮陽郭徵卿有恩耳分別奏

組等共養勞苦狀詔吉求組徵卿已死有子孫皆受厚賞詔免則為庶人賜錢十萬上親見問然後知吉有舊恩而終不言上大賢之制詔丞相朕微眇時御史大夫吉與朕有舊恩厥德茂焉詩不云虖亡德不報其封吉為博陽侯邑千三百戶臨當封吉疾病上將使人加紼而封之及其生存也上憂吉疾不起太子太傅夏侯勝曰此未死也臣聞有陰德者必饗其樂以及子孫今吉未獲報而疾甚非其死疾也後病果瘉吉上書固辭自陳不宜以空名受賞上報曰朕

之封君非空名也而君上書歸侯印是顯朕之不德也方今天下少事君其專精神省思慮近醫藥以自持後五歲代魏相為丞相吉本起獄法小吏後學詩禮皆通大義及居相位上寬大好禮讓掾史有罪臧不稱職輒予長休告終無所案驗客或謂吉曰君侯為漢相姦吏成其私然無所懲艾吉曰夫以三公之府有案吏之名吾竊陋焉後人代吉因以為故事公府不案吏自吉始於官屬掾史務掩過揚善吉馭吏耆酒數逋蕩嘗從吉出醉歐丞相車上西曹主吏白

欲斥之吉曰以醉飽之失去士使此人將復何所容西曹地忍之此不過汙丞相車茵耳遂不去也此馭吏邊郡人習知邊塞發犇命警備事嘗出適見驛騎持赤白囊邊郡發犇命書馳來至馭吏因隨驛騎至公車刺取知虜入雲中代郡遽歸府見吉白狀因曰恐虜所入邊郡二千石長吏有老病不任兵馬者宜可豫視吉善其言召東曹案邊長吏瑣科條其人未已詔召丞相御史問以虜所入郡吏吉具對御史大夫卒遽不能詳知以得譴讓而吉見謂憂邊思職馭

吏力也吉乃歎曰士亡不可容能各有所長嚮
使丞相不先聞馭吏言何見勞勉之有掾史繇
是益賢吉吉又嘗出逢清道羣鬬者死傷横道
吉過之不問掾史獨怪之吉前行逢人逐牛牛
喘吐舌吉止駐使騎吏問逐牛行幾里矣掾史
獨謂丞相前後失問或以譏吉吉曰民鬬相殺
傷長安令京兆尹職所當禁備逐捕歲竟丞相
課其殿最奏行賞罰而已宰相不親小事非所
當於道路問也方春少陽用事未可大熱恐牛
近行用暑故喘此時氣失節恐有所傷害也三

公典調和陰陽職所當憂是以問之掾史乃服以吉知大體五鳳三年春吉病篤上自臨問吉曰君即有不諱誰可以自代者吉辭謝曰羣臣行能明主所知愚臣無所能識上固問吉頓首曰西河太守杜延年明於法度曉國家故事前為九卿十餘年今在郡治有能名廷尉于定國執憲詳平天下自以不寃太僕陳萬年事後母孝惇厚備於行止此三人能皆在臣右唯上察之上以吉言皆是而許焉及吉薨御史大夫黃霸為丞相徵西河太守杜延年為御史大夫會

其年老乞骸骨病免以廷尉于定國代爲御史大夫黃霸薨而定國爲丞相太僕陳萬年代定國爲御史大夫居位皆稱職上稱吉爲知人吉薨謚曰定侯子顯嗣甘露中有罪削爵爲關內侯官至衛尉太僕始顯少爲諸曹嘗從祠高廟至夕牲日乃使出取齋衣丞相吉大怒謂其夫人曰宗廟至重而顯不敬愼亡吾爵者必顯也夫人爲言然後乃已吉中子禹爲水衡都尉少子高爲中壘校尉元帝時長安士伍尊上書言臣少時爲郡邸小吏竊見孝宣皇帝以皇曾孫

在郡邸獄是時治獄使者丙吉見皇曾孫遭離無辜吉仁心感動涕泣悽惻選擇復作胡組養視皇孫吉常從臣尊日再侍卧庭上後遭條獄之詔吉扞拒大難不避嚴刑峻法既遭大赦吉謂守丞誰如皇孫不當在官使誰如移書京兆尹遣與胡組俱送京兆尹不受復還及組日滿當去皇孫思慕吉以私錢顧組令留與郭徵卿並養數月乃遣組去後少内嗇夫白吉曰食皇孫亡詔令時吉得食米肉月月以給皇孫吉即時病輒使臣尊朝夕請問皇孫視省席蓐燥濕

侯伺組徵卿不得令晨夜去皇孫敖盪數奏甘
毳食物所以擁全神靈成育聖躬功德已亡量
矣時豈豫知天下之福而徼其報哉誠其仁恩
內結於心也雖介子推割肌以存君不足以比
孝宣皇帝時臣上書言狀幸得下吉吉謙讓不
敢自伐删去臣辭專歸美於組徵卿組徵卿皆
以受田宅賜錢吉封為博陽侯臣尊不得比組
徵卿臣年老居貧死在旦暮欲終不言恐使有
功不著吉子顯坐徵文奪爵為關內侯臣愚以
為宜復其爵邑以報先人功德先是顯為太僕

十餘年與官屬大爲姦利臧千餘萬司隷校尉
昌案劾罪至不道奏請逮捕上曰故丞相吉有
舊恩朕不忍絶免顯官奪邑四百戶後復以爲
城門校尉顯卒子昌嗣爵關內侯成帝時修廢
功以吉舊恩尤重鴻嘉元年制詔丞相御史蓋
聞襃功德繼絶統所以重宗廟廣賢聖之路也
故博陽侯吉以舊恩有功而封今其祀絶朕甚
憐之夫善善及子孫古今之通誼也其封吉孫
中郎將關內侯昌爲博陽侯奉吉後國絶三十
二歲復續云昌傳子至孫王莽時廼絶

贊曰古之制名必繇象類遠取諸物近取諸身故經謂君為元首臣為股肱明其一體相待而成也是故君臣相配古今常道自然之勢也近觀漢臣高祖開基蕭曹為冠孝宣中興丙魏有聲是時黜陟有序衆職修理公卿多稱其位海內興於禮讓覽其行事豈虛虖哉

## 蕭望之傳

蕭望之字長倩東海蘭陵人也徙杜陵家世以田為業至望之好學治齊詩事同縣后蒼且十年以令詣太常受業復事同學博士白奇又從

夏侯勝問論語禮服京師諸儒稱述焉是時大將軍霍光秉政長史丙吉薦儒生王仲翁與望之等數人皆召見先是左將軍上官桀與蓋主謀殺光光既誅桀等後出入自備吏民當見者露索去刀兵兩吏挾持望之獨不肯聽自引出閤曰不願見吏牽持匈匈光聞之告吏勿持望之既至前說光曰將軍以功德輔幼主將以流大化致於洽平是以天下之士延頸企踵爭願自効以輔高明今士見者皆先露索挾持恐非周公相成王躬吐握之禮致白屋之意於是光

獨不除用望之而仲翁等皆補大將軍史三歲間仲翁至光祿大夫給事中望之以射策甲科爲郎署小苑東門候仲翁出入從蒼頭廬兒下車趨門傳呼甚寵顧謂望之曰不肯錄錄反抱關爲望之曰各從其志後數年坐弟犯法不得宿衛免歸爲郡吏及御史大夫魏相除望之爲屬察廉爲大行治禮丞時大將軍光薨子禹復爲大司馬兄子山領尚書親屬皆宿衛內侍地節三年夏京師雨雹望之因是上疏願賜清閒之宴口陳災異之意宣帝自在民間聞望之名

曰此東海蕭生耶下少府宋畸問狀無有所諱望之對以為春秋昭公三年大雨雹是時季氏專權卒逐昭公鄉使魯君察於天變宜亡此害今陛下以聖德居位思政求賢堯舜之用心也然而善祥未臻陰陽不和是大臣任政一姓擅埶之所致也附枝大者賊本心私家盛者公室危唯明主躬萬機選同姓擧賢材以為腹心與參政謀令公卿大臣朝見奏事明陳其職以考功能如是則庶事理公道立姦邪塞私權廢矣對奏天子拜望之為謁者時上初即位思進賢

良多上書言便宜輒下望之問狀高者請丞相
御史次者中二千石試事滿歲以狀聞下者報
聞或罷歸田里所白處奏皆可累遷諫大夫丞
相司直歲中三遷官至二千石其後霍氏竟謀
反誅望之寖益任用是時選博士諫大夫通政
事者補郡國守相以望之為平原太守望之雅
意在本朝遠為郡守內不自得乃上䟽曰陛下
哀愍百姓恐德化之不究悉出諫官以補郡吏
所謂憂其末而忘其本者也朝無爭臣則不知
過國無達士則不聞善願陛下選明經術溫故

知新通於幾微謀慮之士以為內臣與參政事
諸侯聞之則知國家納諫憂政亡有闕遺若此
不怠成康之道其庶幾乎外郡不治豈足憂哉
書聞徵入守少府宣帝察望之經明持重論議
有餘材任宰相欲詳試其政事復以為左馮翊
望之從少府出為左遷恐有不合意即移病上
聞之使侍中成都侯金安上諭意曰所用皆更
治民以考功君前為平原太守日淺故復試之
於三輔非有所聞也望之即視事是歲西羌反
漢遣後將軍征之京兆尹張敞上書言國兵在

外軍以夏發隴西以北安定以西吏民並給轉輸田事頗廢素無餘積雖羌虜以破来春民食必乏窮辟之處買亡所得縣官穀度不足以振之願令諸有辠非盜受財殺人及犯法不得赦者皆得以差入穀此八郡贖罪務益致穀以豫備百姓之急事下有司望之與少府李彊議以為民函陰陽之氣有仁義欲利之心在教化之所助堯在上不能去民欲利之心而能令其欲利不勝其好義也雖桀在上不能去民好義之心而能令其好義不勝其欲利也故堯桀之分

在於義利而已道民不可不愼也今欲令民量粟以贖罪如此則富者得生貧者獨死是貧富異刑而法不壹也人情貧窮父兄囚執閒出財得以生活爲人子弟者將不顧死亡之患敗亂之行以赴財利求救親戚一人得生十人以喪如此伯夷之行壞公綽之名滅政敎壹傾雖有周召之佐恐不能復古者藏於民不足則取有餘則予詩曰爰及矜人哀此鰥寡上惠下也又曰雨我公田遂及我私下急上也今有西邊之役民失作業雖戶賦口斂以贍其困乏古之通

義百姓莫以爲非以死救生恐未可也陛下布德施教教化既成堯舜亡以加也今議開利路以傷既成之化臣竊痛之於是天子復下其議兩府丞相御史以難問張敞敞曰少府左馮翊所言常人之所守耳昔先帝征四夷兵行三十餘年百姓猶不加賦而軍用給今羌虜一隅小夷跳梁於山谷間漢但令辠人出財減辠以誅之其名賢於煩擾良民横興賦歛也又諸盜及殺人犯不道者百姓所疾苦也皆不得贖首匿見知縱所不當得爲之屬議者或頗言其法可

蠲除今因此令贖其便明甚何化之所亂甫刑之罰小過赦薄罪贖有金選之品所從來久矣何賊之所生敞備皂衣二十餘年嘗聞罪人贖矣未聞盜賊起也竊憐涼州被寇方秋饒時民尚有飢之病死於道路況至來春將大困乎不早慮所以振救之策而引常經以難恐後為重責常人可與守經未可與權也敞幸得備列卿以輔兩府為職不敢不盡愚望之彊復對曰先帝聖德賢良在位作憲垂法為無窮之規永惟邊竟之不贍故金布令甲曰邊郡數被兵離飢

貣音特

寒矣絶天年父子相失令天下共給其費固為軍旅卒暴之事也聞天漢四年常使死罪人入五十萬錢減死罪一等豪彊吏民請奪假貣至為盜賊以贖罪其後姦邪横暴羣盜並起至攻城邑殺郡守充滿山谷吏不能禁明詔遣繡衣使者以興兵擊之誅者過半然後衰止愚以為此使死罪贖之敗也故曰不便時丞相魏相御史大夫丙吉亦以為羌虜且破轉輸略足相給遂不施敞議望之為左馮翊三年京師稱之遷大鴻臚先是烏孫昆彌翁歸靡因長羅侯常惠

上書願以漢外孫元貴靡爲嗣得復尚少主結婚内附畔去匈奴詔下公卿議望之以爲烏孫絶域信其美言萬里結婚非長策也天子不聽神爵二年遣長羅侯惠使送公主配元貴靡未出塞翁歸靡死其兄子狂王背約自立惠從塞下上書願留少主敦煌郡惠至烏孫責以負約因立元貴靡還迎少主詔下公卿議望之復以爲不可烏孫持兩端亡堅約其效可見前少主在烏孫四十餘年恩愛不親密邊境未以安此已事之驗也今少主以元貴靡不得立而還信

無負於四夷此中國之大福也少主不止繇役將興其原起此天子從其議徵少主還後烏孫雖分國兩立以元貴靡爲大昆彌漢遂不復與結婚三年代丙吉爲御史大夫五鳳中匈奴大亂議者多曰匈奴爲害日久可因其壞亂擧兵滅之詔遣中朝大司馬車騎將軍韓增諸吏富平侯張延壽光祿勳楊惲太僕戴長樂問望之計策望之對曰春秋晉士匃帥師侵齊聞齊侯卒引師而還君子大其不伐喪以爲恩足以服孝子誼足以動諸侯前單于慕化鄉善稱弟遣

使請求和親海內欣然夷狄莫不聞未終奉約
不幸爲賊臣所殺今而伐之是乘亂而幸災也
彼必奔走遠遁不以義動兵恐勞而無功宜遣
使者弔問輔其微弱救其災患四夷聞之咸貴
中國之仁義如遂蒙恩得復其位必稱臣服從
此德之盛也上從其議後竟遣兵護輔呼韓邪
單于定其國是時大司農中丞耿壽昌奏設常
平倉上善之望之非壽昌丞相丙吉年老上重
焉望之又奏言百姓或乏困盜賊未止二千石
多材下不任職三公非其人則三光爲之不明

繇音婆

今首歲日月少光咎在臣等上以望之意輕丞相乃下侍中建章衛尉金安上光祿勳楊惲御史中丞王忠并詰問望之望之免冠置對天子繇是不說後丞相司直繇延壽奏侍中謁者良使承制詔望之望之再拜已良與望之言望之不起因故下手而謂御史曰良禮不備故事丞相病明日御史大夫輒問病朝奏事會庭中差居丞相後丞相謝大夫少進揖令丞相數病望之不問病會庭中與丞相鈞禮時議事不合意望之曰侯年寧能父我耶知御史有令不得擅

攘同讓

使望之多使守史自給車馬之杜陵護視家事
少史冠法冠爲妻先引又使賣買私所附益凡
十萬三千案望之大臣通經術居九卿之右本
朝所仰至不奉法自修踞慢不遜攘受所監臧
二百五十以上請逮捕繫治上於是策望之曰
有司奏君責使者禮遇丞相亡禮廉聲不聞敖
慢不遜亡以扶政帥先百僚君不深思陷于茲
穢朕不忍致君于理使光祿勳惲策詔左遷君
爲太子太傅授印其上故印使者便道之官君
其秉道明孝正直是與帥意亡僭靡有後言望

之既左遷而黃霸代為御史大夫數月間丙吉薨霸為丞相霸薨于定國復代焉望之遂見廢不得相為大傅以論語禮服授皇太子初匈奴呼韓邪單于來朝詔公卿議其儀丞相霸御史大夫定國議曰聖王之制施德行禮先京師而後諸夏先諸夏而後夷狄詩云率禮不越遂視既發相土烈烈海外有截陛下聖德充塞天地光被四表匈奴單于鄉風慕化奉珍朝賀自古未之有也其禮儀宜如諸侯王位次在下望之以為單于非正朔所加故稱敵國宜待以不臣

之禮位在諸侯王上外夷稽首稱藩中國讓而不臣此則覊縻之誼謙亨之福也書曰戎狄荒服言其來荒忽亡常如使匈奴後嗣卒有鳥竄鼠伏闕於朝享不為畔臣信讓行乎蠻貉福祚流于亡窮萬世之長策也天子采之下詔曰蓋聞五帝三王教化所不施不及以政今匈奴單于稱北藩朝正朔朕之不逮德不能弘覆其以客禮待之令單于位在諸侯王上贊謁稱臣而不名及宣帝寢疾選大臣可屬者引外屬侍中樂陵侯史高太子太傅望之少傅周堪至禁中

拜高爲大司馬車騎將軍望之爲前將軍光祿勳堪爲光祿大夫皆受遺詔輔政領尚書事宣帝崩太子襲尊號是爲孝元帝望之堪本以師傅見尊重上卽位數宴見言治亂陳王事望之選白宗室明經達學散騎諫大夫劉更生給事中與侍中金敞並拾遺左右四人同心謀議勸道上以古制多所欲匡正上甚鄉納之初宣帝不甚從儒術任用法律而中書宦官用事中書令弘恭石顯久典樞機明習文法亦與車騎將軍高爲表裏論議常獨持故事不從望之等恭

顯又時傾反見詆望之以為中書政本宜以賢明之選自武帝游宴後庭故用宦者非國舊制又違古不近刑人之義白欲更置士人繇是大與高恭顯忤上初即位謙讓重改作議久不定出劉更生為宗正望之堪數薦名儒茂材以備諫官會稽鄭朋陰欲附望之上疏言車騎將軍高遣客為姦利郡國及言許史子弟罪過章視周堪堪白令朋待詔金馬門朋奏記望之曰將軍體周召之德秉公綽之質有卞莊之威至乎耳順之年履折衝之位號至將軍誠士之高致

也窟穴黎庶莫不懽喜咸曰將軍其人也今將軍規橅云若管晏而休遂行日反至周台乃留爭若管晏而休則下走將歸延陵之皐修農圃之疇畜鷄種黍竢見二子沒齒而已矣如將軍昭然度行積思塞邪枉之險蹊宣中庸之常政輿周台之遺業親日反之兼聽則下走其庶幾願竭區區底厲鋒鍔奉萬分之一望之見納朋接待以意朋數稱述望之短車騎將軍言許史過失後朋行傾邪望之絕不與通朋與大司農史李宮俱待詔堪獨白宮為黃門郎朋楚士怨

恨更求入許史推所言許史事曰皆周堪劉更生教我我關東人何以知此於是侍中許章白見朋朋出揚言曰我見言前將軍小過五大罪一中書令在旁知我言狀望之聞之以問弘恭石顯顯恭恐望之自訟下於它吏即挾朋及待詔華龍龍者宣帝時與張子蟜等待詔以行汙濊不進欲入堪等堪等不納故與朋相結恭顯令二人告望之等謀欲罷車騎將軍疏退許史狀候望之出休日令朋龍上之事下弘恭問狀望之對曰外戚在位多奢淫欲以匡正國家非

為邪也恭顯奏望之堪更生朋黨相稱舉數譖
訴大臣毀離親戚欲以專擅權埶為臣不忠誣
上不道請謁者召致廷尉時上初即位不省謁
者召致廷尉為下獄也可其奏後上召堪更生
曰繫獄上大驚曰非但廷尉問耶以責恭顯皆
叩頭謝上曰令出視事恭顯因使高言上新即
位未以德化聞於天下而先驗師傅既下九卿
大夫獄宜因決免於是制詔丞相御史前將軍
望之傳朕八年亡它罪過今事久遠識忘難明
其赦望之罪收前將軍光祿勳印綬及堪更生

皆免為庶人而朋為黃門郎後數月制詔御史國之將興尊師而重傳故前將軍望之傳朕八年道以經術厥功茂焉其賜望之爵關內侯食邑六百户給事中朝朔望坐次將軍天子方倚欲以為丞相會望之子散騎中郎伋上書訟望之前事事下有司復奏望之前所坐明白無譖訴者而教子上書稱引亡辜之詩失大臣體不敬請逮捕弘恭石顯等知望之素高節不詘辱建白望之前為將軍輔政欲排退許史專權擅朝幸得不坐復賜爵邑與聞政事不悔過服罪

深懷怨望教子上書歸非於上自以託師傅懷終不坐非頗詘望之於牢獄塞其快快心則聖朝亡以施恩厚上曰蕭太傅素剛安肯就吏顯等曰人命至重望之所坐語言薄罪必亡所憂上乃可其奏顯等封以付謁者敕令召望之手付因令太常急發執金吾車騎馳圍其第使者至召望之望之欲自殺其夫人止之以為非天子意望之以問門下生朱雲雲者好節士勸望之自裁於是望之仰天歎曰吾嘗備位將相年踰六十矣老入牢獄苟求生活不亦鄙乎字謂

雲曰游趣和藥來無久留我死竟飲鴆自殺天子聞之驚拊手曰曩固疑其不就牢獄果然殺吾賢傅是時太官方上晝食上乃卻食爲之涕泣哀慟左右於是召顯等責問以議不詳皆免冠謝良久然後已望之有罪死有司請絕其爵邑有詔加恩長子伋嗣爲關內侯天子追念望之不忘每歲時遣使者祠祭望之冢終元帝世望之八子至大官者育咸由

贊曰蕭望之歷位將相籍師傅之恩可謂親昵亡間及至謀泄隙開讒邪構之卒爲便嬖宦豎

所圖哀哉不然望之堂堂折而不橈身為儒宗輔佐之能近古社稷臣也

## 趙充國傳

趙充國字翁孫隴西上邽人也後從金城令居始為騎士以六郡良家子善騎射補羽林為人沉勇有大略少好將帥之節而學兵法通知四夷事武帝時以假司馬從貳師將軍擊匈奴大為虜所圍漢軍乏食數日死傷者多充國迺與壯士百餘人潰圍陷陳貳師引兵隨之遂得解身被二十餘創貳師奏狀詔徵充國詣行在所

武帝親見視其創嗟歎之拜爲中郎遷車騎將軍長史昭帝時武都氐人反充國以大將軍護軍都尉將兵擊定之遷中郎將將屯上谷還爲水衡都尉擊匈奴獲西祁王擢爲後將軍兼水衡如故與大將軍霍光定冊尊立宣帝封營平侯本始中爲蒲類將軍征匈奴斬虜數百級還爲後將軍少府匈奴大發十餘萬騎南旁塞至符奚盧山欲入爲寇亡者題除渠堂降漢言之遣充國將四萬騎屯緣邊九郡單于聞之引去是時光祿大夫義渠安國使行諸羌先零豪言

顏時渡湟水北逐民所不田處畜牧安國以聞充國劾安國奉使不敬是後羌人旁緣前言抵冒渡湟水郡縣不能禁元康三年先零遂與諸羌種豪二百餘人解仇交質盟詛上聞之以問充國對曰羌人所以易制者以其種自有豪數相攻擊埶不壹也往三十餘歲西羌反時亦先解仇合約攻令居與漢相距五六年迺定至征和五年先零豪封煎等通使匈奴匈奴使人至小月氏傳告諸羌曰漢貳師將軍衆十餘萬人降匈奴羌人為漢事苦張掖酒泉本我地地肥

義可共擊居之以此觀匈奴欲與羌合非一世也間者匈奴困於西方聞烏桓來保塞恐兵復從東方起數使使尉黎危須諸國設以子女貂裘欲沮解之其計不合疑匈奴更遣使至羌中道從沙陰地出鹽澤過長阬入窮水塞南抵屬國與先零相直臣恐羌變未止此且復結聯他種宜及未然為之備後月餘羌侯狼何果遣使至匈奴藉兵欲擊鄯善敦煌以絕漢道充國以為狼何小月氏種在陽關西南埶不能獨造此計疑匈奴使已至羌中先零罕开迺解仇作約

亹音門

到秋馬肥變必起矣宜遣使者行邊兵豫為備
敕視諸羌毋令解仇以發覺其謀於是兩府復
白遣義渠安國行視諸羌分别善惡安國至召
先零諸豪三十餘人以尤桀黠皆斬之縱兵擊
其種人斬首千餘級於是諸降羌及歸義羌侯
楊玉等恐怒亡所信鄉遂劫略小種背畔犯塞
攻城邑殺長吏安國以騎都尉將騎三千屯備
羌至浩亹為虜所擊失亡車重兵器甚衆安國
引還至令居以聞是歲神爵元年春也時充國
年七十餘上老之使御史大夫丙吉問誰可將

者充國對曰亡踰於老臣者矣上遣問焉曰將軍度羌虜何如當用幾人充國曰百聞不如一見兵難隃度臣願馳至金城圖上方略然羌戎小夷逆天背畔滅亡不久願陛下以屬老臣勿以為憂上笑曰諾充國至金城須兵滿萬騎欲渡河恐為虜所遮即夜遣三校銜枚先渡渡輒營陳會明畢遂以次盡渡虜數十百騎來出入軍傍充國曰吾士馬新倦不可馳逐此皆驍騎難制又恐其為誘兵也擊虜以殄滅為期小利不足貪令軍勿擊遣騎候四望陿中亡虜夜引

兵上至落都召諸校司馬謂曰吾知羌虜不能為兵矣使虜發數千人守杜四望陿中兵豈得入哉充國常以遠斥候為務行必為戰備止必堅營壁尤能持重愛士卒先計而後戰遂西至西部都尉府日饗軍士士皆欲為用虜數挑戰充國堅守捕得生口言羌豪相數責曰語汝亡反今天子遣趙將軍來年八九十矣善為兵今請欲壹鬭而死可得邪充國子右曹中郎將卬將期門佽飛羽林孤兒胡越騎為支兵至令居虜並出絕轉道卬以聞有詔將八校尉與驍騎

都尉金城大守合踈捕山閒虜通轉道津渡初罕幵豪靡當兒使弟雕庫來告都尉曰先零欲反後數日果反雕庫種人頗在先零中都尉即留雕庫爲質充國以爲亡罪迺遣歸告種豪大兵誅有罪者明白自別毋取并滅天子告諸羌人犯法者能相捕斬除罪斬大豪有罪者一人賜錢四十萬中豪十五萬下豪二萬大男三千女子及老小千錢又以其所捕妻子財物盡與之充國計欲以威信招降罕幵及劫略者解散虜謀徼極迺擊之時上已發三輔太常徒弛刑

能
耐　音

三河潁川沛郡淮陽汝南材官金城隴西天水安定北地上郡騎士羌騎與武威張掖酒泉太守各屯其郡者合六萬人矣酒泉太守辛武賢奏言郡兵皆屯備南山北邊空虛埶不可久或曰至秋冬迺進兵此虜在竟外之冊今虜朝夕爲寇土地寒苦漢馬不能冬屯兵在武威張掖酒泉萬騎以上皆多羸瘦可益馬食以七月上旬齎三十日糧分兵並出張掖酒泉合擊罕幵在鮮水上者虜以畜產爲命今皆離散兵即分出雖不能盡誅亶奪其畜產虜其妻子復引兵

還冬復擊之大兵仍出虜必震壞天子下其書充國令與校尉以下吏士知羌事者博議充國及長史董通年以為武賢欲輕引萬騎分為兩道出張掖回遠千里以一馬自佗負三十日食為米二斛四斗麥八斛又有衣裝兵器難以追逐勤勞而至虜必商軍進退稍引去逐水草入山林隨而深入虜即據前險守後阨以絶糧道必有傷危之憂為夷狄笑千載不可復而武賢以為可奪其畜產虜其妻子此殆空言非至計也又武威縣張掖日勒皆當北塞有通谷水草

臣恐匈奴與羌有謀且欲大入幸能要杜張掖酒泉以絶西域其郡兵尤不可發先零首爲畔逆它種劫略故臣愚册欲捐罕开闇昧之過隱而勿章先行先零之誅以震動之宜悔過反善因赦其罪選擇良吏知其俗者拊循和輯此全師保勝安邊之册天子下其書公卿議者咸以爲先零兵盛而負罕开之助不先破罕开則先零未可圖也上迺拜侍中樂成侯許延壽爲强弩將軍卽拜酒泉太守武賢爲破羌將軍賜璽書嘉納其册以書敕讓充國曰皇帝問後將軍

甚苦暴露將軍計欲至正月廼擊罕羌羌人當獲麥已遠其妻子精兵萬人欲爲酒泉敦煌寇邊兵少民守保不得田作今張掖以東粟石百餘芻稾束數十轉輸並起百姓煩擾將軍將萬餘之衆不早及秋共水草之利爭其畜食欲至冬虜皆當畜食多藏匿山中依險阻將軍士寒手足皸瘃寧有利哉將軍不念中國之費欲以歲數而勝微將軍誰不樂此者今詔破羌將軍武賢將兵六千一百人敦煌太守快將二千人長水校尉富昌酒泉侯奉世將婼月氏兵四千

人亡慮萬二千人齎三十日食以七月二十二日擊罕羌入鮮水北句廉上去酒泉八百里去將軍可千二百里將軍其引兵便道西並進雖不相及使虜聞東方北方兵並來分散其心意離其黨與雖不能殄滅當有瓦解者已詔中郎將卬將胡越佽飛射士步兵二校益將軍兵今五星出東方中國大利蠻夷大敗太白出高用兵深入敢戰者吉弗敢戰者凶將軍急裝因天時誅不義萬下必全勿復有疑充國既得讓以為將任兵在外便宜有守以安國家迺上書謝

罪因陳兵利害曰臣竊見騎都尉安國前幸賜
書擇羌人可使使罕諭告以大軍當至漢不誅
罕以解其謀恩澤甚厚非臣下所能及臣獨私
美陛下盛德至計亡已故遣开豪雕庫宣天子
至德罕开之屬皆聞知明詔今先零羌楊玉此
羌之首帥名王將騎四千及煎鞏騎五千阻石
山木候便為寇罕羌未有所犯今置先零先擊
罕釋有罪誅亡辜起壹難就兩害誠非陛下本
計也臣聞兵法攻不足者守有餘又曰善戰者
致人不致於人今罕羌欲為敦煌酒泉寇宜飭

兵馬練戰士以須其至坐得致敵之術以逸擊
勞取勝之道也今恐二郡兵少不足以守而發
之行攻釋致虜之術而從為虜所致之道臣愚
以為不便先零羌虜欲為背畔故與罕开解仇
結約然其私心不能亡恐漢兵至而罕开背之
也臣愚以為其計常欲先赴罕开之急以堅其
約先擊罕羌先零必助之今虜馬肥糧食方饒
擊之恐不能傷害適使先零得施德於罕羌堅
其約合其黨虜交堅黨合精兵二萬餘人迫脅
諸小種附著者稍衆莫須之屬不輕得離也如

是虜兵寢多誅之用力數倍臣恐國家憂累繇十年數不二三歲而已臣得蒙天子厚恩父子俱為顯列臣位至上卿爵為列侯犬馬之齒七十六為明詔填溝壑死骨不朽亡所顧念獨思惟兵利害至孰悉也於臣之計先誅先零已則罕开之屬不煩兵而服矣先零已誅而罕开不服涉正月擊之得利之理又其時也以今進兵誠不見其利唯陛下裁察六月戊申奏七月甲寅璽書報從充國計焉充國引兵至先零在所虜久屯聚解弛望見大軍棄車重欲渡湟水道

阸狹充國徐行驅之或曰逐利行遲充國曰此窮寇不可迫也緩之則走不顧急之則還致死諸校皆曰善虜赴水溺死者數百降及斬首五百餘人鹵馬牛羊十萬餘頭車四千餘兩兵至罕地令軍毋燔聚落芻牧田中罕羌聞之喜曰漢果不擊我矣豪靡忘使人來言願得還復故地充國以聞未報靡忘來自歸充國賜飲食遣還諭種人護軍以下皆爭之曰此反虜不可擅遣充國曰諸君但欲便文自營非為公家忠計也語未卒璽書報令靡忘以贖論後罕竟不煩

兵而下其秋充國病上賜書曰制詔後將軍聞苦脚脛寒泄將軍年老加疾一朝之變不可諱朕甚憂之今詔破羌將軍詣屯所爲將軍副急因天時大利吏士銳氣以十二月擊先零羌即疾劇留屯毋行獨遣破羌彊弩將軍時羌降者萬餘人矣充國度其必壞欲罷騎兵屯田以待其敝作奏未上會得進兵璽書中郎將卬懼使客諫充國曰誠令兵出破軍殺將以傾國家將軍守之可也即利與病又何足爭一旦不合上意遣繡衣來責將軍將軍之身不能自保何國

家之安充國歎曰是何言之不忠也本用吾言
羌虜得至是邪往者舉可先行羌者吾舉辛武
賢丞相御史復白遣義渠安國竟沮敗羌金城
湟中穀斛八錢吾謂耿中丞糴二百萬斛穀羌
人不敢動矣耿中丞請糴百萬斛迺得四十萬
斛耳義渠再使且費其半失此二冊羌人故敢
為逆失之毫釐差以千里是既然矣今兵久不
決四夷卒有動搖相因而起雖有知者不能善
其後羌獨足憂邪吾固以死守之明主可為忠
言遂上屯田奏曰臣聞兵者所以明德除害也

故擧得於外則福生於內不可不愼臣所將吏
士馬牛食月用糧穀十九萬九千六百三十斛
鹽千六百九十三斛茭藁二十五萬二百八十
六石難久不解繇役不息又恐它夷卒有不虞
之變相因竝起爲明主憂誠非素定廟勝之册
且羌虜易以計破難用兵碎也故臣愚以爲擊
之不便計度臨羌東至浩亹羌虜故田及公田
民所未墾可二千頃以上其間郵亭多壞敗者
臣前部士入山伐材木大小六萬餘枚皆在水
次願罷騎兵留弛刑應募及淮陽汝南步兵與

吏士私從者合凡萬二百八十一人用穀月二
萬七千三百六十三斛鹽三百八斛分屯要害
處冰解漕下繕鄉亭浚溝渠治湟陿以西道橋
七十所令可至鮮水左右田事出賦人二十晦
至四月草生發郡騎及屬國胡騎伉健各千倅
馬什二就草為田者遊兵以充入金城郡益積
蓄省大費今大司農所轉穀至者足支萬人一
歲食謹上田處及器用簿唯陛下裁許上報曰
皇帝問後將軍言欲罷騎兵萬人留田即如將
軍之計虜當何時伏誅兵當何時得決孰計其

便復奏充國上狀曰臣聞帝王之兵以全取勝是以貴謀而賤戰戰而百勝非善之善者也故先爲不可勝以待敵之可勝蠻夷習俗雖殊於禮義之國然其欲避害就利愛親戚畏死亡一也今虜亡其美地薦草愁於寄託遠遯骨肉離心人有畔志而明主般師罷兵萬人留田順天時因地利以待可勝之虜雖未即伏辜兵決可朞月而望羌虜瓦解前後降者萬七百餘人及受言去者凡七十輩此坐支解羌虜之具也臣謹條不出兵留田便宜十二事步兵九校吏士

墜古地

萬人留屯以為武備因田致穀威德竝行一也又因排折羌虜令不得歸肥饒之墜貧破其衆以成羌虜相畔之漸二也居民得竝田作不失農業三也軍馬一月之食度支田士一歲罷騎兵以省大費四也至春省甲士卒循河湟漕穀至臨羌以眎羌虜揚威武傳世折衝之具五也以閒暇時下所伐材繕治郵亭充入金城六也兵出乘危徼幸不出令反畔之虜竄於風寒之地離霜露疾疫瘃墮之患坐得必勝之道七也亡經阻遠追死傷之害八也内不損威武之重

外不令虜得乘間之埶九也又亡驚動河南大开小开使生他變之憂十也治湟陿中道橋令可至鮮水以制西域信威千里從枕席上過師十一也大費既省繇役豫息以戒不虞十二也留屯田得十二便出兵失十二利臣充國材下犬馬齒衰不識長冊唯明詔博詳公卿議臣採擇上復賜報曰皇帝問後將軍言十二便聞之虜雖未伏誅兵決可期月而望期月而望者謂今冬邪謂何時也將軍獨不計虜聞兵頗罷且丁壯相聚攻擾田者及道上屯兵復殺略人民

將何以止之又大开小开前言曰我告漢軍先零所在兵不往擊久留得亡效五年時不分別人而并擊我其意常恐令兵不出得亡變生與先零爲一將軍孰計復奏充國奏曰臣聞兵以計爲本故多筭勝少筭先零羌精兵今餘不過七八千人失地遠客分散飢凍罕开莫須又頗暴略其羸弱畜產畔還者不絕皆聞天子明令相捕斬之賞臣愚以爲虜破壞可日月冀遠在來春故曰兵決可期月而望竊見北邊自敦煌至遼東萬一千五百餘里乘塞列隧有吏卒數

樵同譙

千人虜數大衆攻之而不能害令留步士萬人屯田地勢平易多高山遠望之便部曲相保爲塹壘木樵校聯不絶便兵弩飭鬪具烽火幸通埶及并力以逸待勞兵之利者也臣愚以爲屯田内有亡費之利外有守禦之備騎兵雖罷虜見萬人留田爲必禽之具其土崩歸德宜不久矣從今盡三月虜馬羸瘦必不敢捐其妻子於它種中遠涉河山而来爲寇又見屯田之士精兵萬人終不敢復將其累重還歸故地是臣之愚計所以度虜且必瓦解其處不戰而自破之

澹同贍

册也至於虜小寇盜時殺人民其原未可卒禁臣聞戰不必勝不苟接刃攻不必取不苟勞衆誠令兵出雖不能滅先零亶能令虜絶不爲小寇則出兵可也即今同是而釋坐勝之道從乘危之埶往終不見利空内自罷敝貶重而自損非所以視蠻夷也又大兵一出還不可復留湟中亦未可空如是繇役復發也且匈奴不可不備烏桓不可不憂今久轉運煩費傾我不虞之用以澹一隅臣愚以爲不便校尉臨衆幸得承威德奉厚幣拊循衆羌諭以明詔宜皆鄉風雖

慊同嫌



其前辭嘗曰得亡效五年宜亡它心不足以故出兵臣竊自惟念奉詔出塞引軍遠擊窮天子之精兵散車甲於山野雖亡尺寸之功媮得避慊之便而亡後咎餘責此人臣不忠之利非明主社稷之福也臣幸得奮精兵討不義久留天誅罪當萬死陛下寬仁未忍加誅令臣數得孰計愚臣伏計孰甚不敢避斧鉞之誅昧死陳愚唯陛下省察充國奏每上輒下公卿議臣初是充國計者什三中什五最後什八有詔詰前言不便者皆頓首服丞相魏相曰臣愚不習兵事

利害後將軍數畫軍册其言常是臣任其計可
必用也上於是報充國曰皇帝問後將軍上書
言羌虜可勝之道今聽將軍將軍計善其上留
屯田及當罷者人馬數將軍強食慎兵事自愛
上以破羌強弩將軍數言當擊又用充國屯田
處離散恐虜犯之於是兩從其計詔兩將軍與
中郎將卬出擊強弩出降四千餘人破羌斬首
二千級中郎將卬斬首降者亦二千餘級而充
國所降復得五千餘人詔罷兵獨充國留屯田
明年五月充國奏言羌本可五萬人軍凡斬首

七千六百級降者三萬一千二百人溺河湟飢餓死者五六千人定計遺脫與煎鞏黃羝俱亡者不過四千人羌靡忘等自詭必得請罷屯兵奏可充國振旅而還所善浩星賜迎說充國曰衆人皆以破羌強弩出擊多斬首獲降虜以破壞然有識者以爲虜埶窮困兵雖不出必自服矣將軍即見宜歸功於二將軍出擊非愚臣所及如此將軍計未失也充國曰吾年老矣爵位已極豈嫌伐一時事以欺明主哉兵勢國之大事當爲後法老臣不以餘命壹爲陛下明言兵

之利害辛死誰當復言之者辛以其意對上然
其計罷遣辛武賢歸酒泉大守官充國復為後
將軍衛尉其秋羌若零離留且種兒庫共斬先
零大豪猶非楊玉首及諸豪弟澤陽雕良兒靡
忘皆帥煎鞏黃羝之屬四千餘人降漢封若零
弟澤二人為帥衆王離留且種二人為侯兒庫
為君陽雕為言兵侯良兒為君靡忘為獻牛君
初置金城屬國以處降羌詔舉可護羌校尉者
時充國病四府舉辛武賢小弟湯充國遽起奏
湯使酒不可典蠻夷不如湯兄臨衆時湯已拜

酌同酗

受節有詔更用臨衆後臨衆病免五府復舉湯湯數醉酌羌人羌人反畔辛如充國之言初破羌將軍武賢在軍中時與中郎將卬宴語卬道車騎將軍張安世始嘗不快上上欲誅之卬家將軍以爲安世本持橐簪筆事孝武帝數十年見謂忠謹宜全度之安世用是得免及充國還言兵事武賢罷歸故官深恨上書告卬泄省中語卬坐禁止而入至充國莫府司馬中亂屯兵下吏自殺充國乞骸骨賜安車駟馬黃金六十斤罷就第朝廷每有四夷大議常與參兵謀問

籌策焉年八十六甘露二年薨謚曰壯侯傳子至孫欽欽尚敬武公主主亡子主教欽良人習詐有身名它人子欽薨子岑嗣侯習爲太夫人岑父母求錢財亡已忿恨相告岑坐非子免國除元始中修功臣後復封充國曾孫伋爲營平侯初充國以功德與霍光等列畫未央宮成帝時西羌嘗有警上思將帥之臣追美充國迺召黃門郎揚雄即充國圖畫而頌之曰明靈惟宣戎有先零先零昌狂侵漢西疆漢命虎臣惟後將軍整我六師是討是震既臨其域諭以威德

有守矜功謂之弗克請奮其旅于罕之羌天子命我從之鮮陽營平守節婁奏封章料敵制勝威謀靡亢遂克西戎還師於京鬼方賓服罔有不庭昔周之宣有方有虎詩人歌功迺列于雅在漢中興充國作武赳赳桓桓亦紹厥後充國為後將軍徙杜陵辛武賢自羌軍還後七年復為破羌將軍征烏孫至敦煌後不出徵未到病卒子慶忌至大官

贊曰秦漢已來山東出相山西出將秦時將軍白起郿人王翦頻陽人漢興郁郅王圍甘延壽

義渠公孫賀傅介子成紀李廣李蔡杜陵蘇建蘇武上邽上官桀趙充國襄武廉褒狄道辛武賢慶忌皆以勇武顯聞蘇辛父子著節此其可稱列者也其餘不可勝數何則山西天水隴西安定北地處埶迫近羌胡民俗修習戰備高上勇力鞍馬騎射故秦詩曰王于興師修我甲兵與子皆行其風聲氣俗自古而然今之歌謠慷慨風流猶存耳

## 梅福傳

梅福字子真九江壽春人也少學長安明尚書

穀梁春秋爲郡文學補南昌尉後去官歸壽春
數因縣道上言變事求假軺傳詣行在所條對
急政輒報罷是時成帝委任大將軍王鳳鳳專
埶擅朝而京兆尹王章素忠直譏刺鳳爲鳳所
誅王氏浸盛災異數見羣下莫敢正言福復上
書曰臣聞箕子佯狂於殷而爲周陳洪範叔孫
通遁秦歸漢制作儀品夫叔孫先非不忠也箕
子非疏其家而畔親也不可爲言也昔高祖納
善若不及從諫若轉圜聽言不求其能舉功不
考其素陳平起於亡命而爲謀主韓信拔於行

陳而建上將故天下之士雲合歸漢爭進奇異知者竭其策愚者盡其慮勇士極其節怯夫勉其死合天下之知并天下之威是以舉秦如鴻毛取楚若拾遺此高祖所以亡敵於天下也孝文皇帝起於代谷非有周召之師伊呂之佐也循高祖之法加以恭儉當此之時天下幾平繇是言之循高祖之法則治不循則亂何者秦為亡道削仲尼之迹滅周公之軌壞井田除五等禮廢樂崩王道不通故欲行王道者莫能致其功也孝武皇帝好忠諫說至言出爵不待廉茂

慶賜不須顯功是以天下布衣各厲志竭精以赴闕廷自衒鬻者不可勝數漢家得賢於此爲盛使孝武皇帝聽用其計升平可致於是積尸暴骨快心胡越故淮南王安緣間而起所以計慮不成而謀議泄者以衆賢聚於本朝故其大臣埶陵不敢和從也方今布衣迺窺國家之隙見間而起者蜀郡是也及山陽亡徒蘇令之羣蹈藉名都大郡求黨與索隨和而亡逃匿之意此皆輕量大臣亡所畏忌國家之權輕故匹夫欲與上爭衡也士者國之重器得士則重失士

則輕詩云濟濟多士文王以寧廟堂之議非草茅所當言也臣誠恐身塗野草尸并卒伍故數上書求見輒報罷臣聞齊桓之時有以九九見者桓公不逆欲以致大也今臣所言非特九九也陛下距臣者三矣此天下士所以不至也昔秦武王好力任鄙叩關自鬻繆公行伯繇余歸德今欲致天下之士民有上書求見者輒使詣尚書問其所言言可采取者秩以升斗之祿賜以一束之帛若此則天下之士發憤懣吐忠言嘉謀日聞於上天下條貫國家表裏爛然可睹

矣夫以四海之廣士民之數能言之類至衆多
也然其儁桀指世陳政言成文章質之先聖而
不繆施之當世合時務若此者亦亡幾人故爵
祿束帛者天下之厎石高祖所以厲世摩鈍也
孔子曰工欲善其事必先利其器至秦則不然
張誹謗之罔以爲漢敺除倒持泰阿授楚其柄
故誠能勿失其柄天下雖有不順莫敢觸其鋒
此孝武皇帝所以辟地建功爲漢世宗也今不
循伯者之道迺欲以三代選舉之法取當世之
士猶察伯樂之圖求騏驥於市而不可得亦已

鳶同 鳶

明矣故高祖棄陳平之過而獲其謀晉文召天王齊桓用其讎亡益於時不顧逆順此所謂伯道者也一色成體謂之純白黑雜合謂之駮欲以承平之法治暴秦之緒猶以鄉飲酒之禮理軍市也今陛下既不納天下之言又加戮焉夫鳶鵲遭害則仁鳥增逝愚者蒙戮則知士深退間者愚民上疏多觸不急之法或下廷尉而死者衆自陽朔以來天下以言為諱朝廷尤甚羣臣皆承順上指莫有執正何以明其然也取民所上書陛下之所善試下之廷尉廷尉必曰非

所宜言大不敬以此卜之一矣故京兆尹王章
資質忠直敢面引廷争孝元皇帝擢之以厲具
臣而矯曲朝及至陛下戮及妻子且惡惡止其
身王章非有反畔之辜而殃及家折直士之節
結諫臣之舌羣臣皆知其非然不敢争天下以
言爲戒最國家之大患也願陛下循高祖之軌
杜亡秦之路數御十月之歌留意亡逸之戒除
不急之法下亡諱之詔博覽兼聽謀及賤今
深者不隱遠者不塞所謂闢四門明四目也且
不急之法誹謗之微者也往者不可及來者猶

可追方今君命犯而主威奪外戚之權日以益隆陛下不見其形願察其景建始以來日食地震以率言之三倍春秋水災亡與比數陰盛陽微金鐵為飛此何景也漢興以來社稷三危呂霍上官皆母后之家也親親之道全之為右當與之賢師良傅教以忠孝之道令適尊寵其位授以魁柄使之驕逆至於夷滅此失親親之大者也自霍光之賢不能為子孫慮故權臣易世則危書曰毋若火始庸庸埶陵於君權隆於主然後防之亦亡及已上遂不納成帝久無繼嗣

福以為宜建三統封孔子之世以為殷後復上書曰臣聞不在其位不謀其政政者職也位卑而言高者罪也越職觸罪危言世患雖伏質橫分臣之願也守職不言沒齒身全死之日尸未腐而名滅雖有景公之位伏歷千駟臣不貪也故願壹登文石之陛涉赤墀之塗當戶牖之法坐盡平生之愚慮亡益於時有遺於世此臣寢所以不安食所以忘味也願陛下深省臣言臣聞存人所以自立也壅人所以自塞也善惡之報各如其事昔者秦滅二周夷六國隱士不顯

侯民不舉絶三統滅天道是以身危子殺厥孫
不嗣所謂壅人以自塞者也故武王克殷未下
車存五帝之後封殷於宋紹夏於杞明著三統
示不獨有也是以姬姓半天下遷廟之主流出
於戶所謂存人以自立者也今成湯不祀殷人
亡後陛下繼嗣久微殆爲此也春秋經曰宋殺
其大夫穀梁傳曰其不稱名姓以其在祖位尊
之也此言孔子故殷後也雖不正統封其子孫
以爲殷後禮亦宜之何者諸侯奪宗聖庶奪適
傳曰賢者子孫宜有土而況聖人又殷後哉昔

成王以諸侯禮葬周公而皇天動威雷風著災今仲尼之廟不出闕里孔氏子孫不免編戶以聖人而歆匹夫之祀非皇天之意也今陛下誠能據仲尼之素功以封其子孫則國家必獲其福又陛下之名與天亡極何者追聖人素功封其子孫未有法也後聖必以為則不滅之名可不勉哉福孤遠又譏切王氏故終不見納初武帝時始封周後姬嘉為周子南君至元帝時尊周子南君為周承休侯位次諸侯王使諸大夫博士求殷後分散為十餘姓郡國往往得其大

家推求子孫絶不能紀時匡衡議以為王者存二王後所以尊其先王而通三統也其犯誅絶之罪者絶而更封他親為始封君上承其王者之始祖春秋之義諸侯不能守其社稷者絶今宋國已不守其統而失國矣則宜更立殷後為始封君而上承湯統非當繼宋之絶侯也宜明得殷後而已今之故宋推求其嫡久遠不可得雖得其嫡嫡之先已絶不當得立禮記孔子曰丘殷人也先師所共傳宜以孔子世為湯後上以其語不經遂見寢至成帝時梅福復言宜封

孔子後以奉湯祀綏和元年立二王後推迹古
文以左氏穀梁世本禮記相明遂下詔封孔子
世為殷紹嘉公語在成紀是時福居家常以讀
書養性為事至元始中王莽顓政福一朝棄妻
子去九江至今傳以為仙其後人有見福於會
稽者變名姓為吳市門卒云
賛曰昔仲尼稱不得中行則思狂狷觀楊王孫
之志賢於秦始皇遠矣世稱朱雲多過其實故
曰蓋有不知而作之者我亡是也胡建臨敵敢
斷武昭於外斬伐姦隙軍旅不隊梅福之辭合

於大雅雖無老成尚有典刑殷監不遠夏后所聞遂從所好全性市門云敞之義著於吳章為仁由己再入大府清則濯纓何遠之有

史記英選卷之八

史記英選六卷 刊本

本紀一 項羽本紀 世家二 蕭相國世家 留侯世家 列傳二十二 伯夷傳 管仲晏嬰傳 伍子胥傳 蘇秦傳 孟嘗君傳 平原君傳 信陵君傳 范雎傳 樂毅傳 屈原傳 張耳陳餘傳 淮陰侯傳 酈生陸賈傳 袁盎傳 吳王濞傳 魏其侯武安侯灌夫傳 汲黯傳 李將軍傳 刺客傳 游俠傳 滑稽傳 貨殖傳 竝太史公自序分爲六卷命閣臣抄啓文臣等輪回校對以丁酉字印行復以印本下送湖南嶺南關西營繇刻藏板○親撰弁監印諸人凡二則第一則曰子長之文灝灝噩噩如神禹之行水淮陰之用兵不可羈以常法然氣格之抑揚

頓挫精采之起伏照應如珠走盤如規周旋自有一部鋪叙歐陽子述揚子雲之言曰斷木爲棊捖革爲鞠莫不有法而况於文乎今以網羅數千載之書獨選其二十餘篇可謂太約然亦取其法之至者爲學者師則也第二則曰予嘗謂荀揚之文易之變也屈宋之騷詩之變也子長之史又以麟經之繫月編年而變爲紀傳也帝紀倣于典謨書表倣于禹貢周官列傳會通于國語國策網羅今古馳騁幻化摹畫之文必如物物之各殊形色鋪叙之文必如人人之各異氣象莊生以虛飾理而

子長取其虛以實左氏以實論事而子長取其實以虛百有三十篇去一不備茅坤所謂讀貨殖傳卽欲求富讀任俠傳卽欲輕生讀李廣傳卽欲立鬪讀石建傳卽欲俯躬者眞善評也若夫本紀之首黃帝進項羽世家之首泰伯進陳涉先儒謂之善學春秋不爲過奬讀者當以五十萬言比類而參互以觀其奇而不詭直而無隱之法如以誦習數十餘篇稍窺作者規模謂足以小成則非予由博返約之意也